トロツキー研究

TROTSKY STUDIES

No.71

Autumn/Winter 2017/2018

目　次　Contents

<特集>ロシア革命100周年(上)―2月革命から7月事件まで

会員へのお知らせ

『ニューズ・レター』第64／65号合併号（2018年4月発行）

〈特集1〉中国革命の悲劇（下）

パンツォフ&ベントン「トロツキーは最初から国民党への加入に反対したのか？」

〈特集2〉ロシア革命100年（上）

本号に収録できなかったものをいくつか紹介します。

※財政的貧窮のせいで『ニューズレター』を定期的に発行できなくなっていることをお詫びします。

なお、『ニューズ・レター』は、当研究所の会員の方にのみ限定配布しております。

トロツキー研究所閉鎖のお知らせとカンパのお願い

トロツキー研究所は、一九九〇年一一月の東京でのトロツキー没後五〇周年の開催を受けて、一九九一年に創設され、同年の秋に『トロツキー研究』第一号を発行しました。その後、多くの活動家や研究者、市井の人々に支えられて、その後二七年間にわたり、定期刊行物の『トロツキー研究』と『ニューズレター』の発行を中心に、さまざまな研究会の開催、トロツキーやトロツキズムに関する出版物の刊行などの活動を続けてきました。そうした活動の中で、当研究所は、トロツキーやその他の同時代のマルクス主義者たちの未邦訳文献を大量に翻訳し、新しい研究成果を紹介したり、トロツキーに関するオリジナルの研究論文に発表の場を提供してきました。

ご存知のように、一九九〇年前後を境にして、東欧とソ連邦の崩壊、それを利用した「社会主義の終焉」という大合唱、新自由主義と帝国主義的グローバリズムの全世界的な攻勢は、社会民主主義やスターリニズムを中心とする主流派の左翼運動や労働運動のみならず、左翼の運動全体に重大な打撃を与え、十月革命に代表されるこれまでの新旧の社会主義運動の一時代が終わったことを示しました。その中で、当研究所は、「歴史の終焉」論にくみすることなく、マルクス主義の根本的な再建とその批判的発展のために、ささやかながら努力を続けてきました。とくに、ペレストロイカ以降に公表されるようになった新しい資料などにもとづきつつ、トロツキーの思想の多様な側面を研究紹介し、同時代のマルクス主義の豊かな遺産の一端を明らかにする上で、研究所は大きな役割を果たすことができたと自負しています。

しかし、この新自由主義の席巻とマルクス主義の衰退の波は研究所を取り巻く環境をますます過酷なものにし、研究所の運営を年々難しいものにしてきました。また、その間、創設以来、本研究所の所長をつとめ続けた塩川喜信氏や、『トロツキー研究』に多くの論文を寄稿していただいた上島武氏をはじめ、研究所を支えてくださった多くの会員が亡くなったり、高齢や病気のせいで支えられなくなったりするようになっています。そうした状況の中で、会員と定期購読者の数は年々減り、最盛期には約三〇〇人もいた会員と定期購読者は現在では一五〇人を大きく割り込む数となっています。それによって、研究所の定期収入は大きく落ちこみ、何度も特別カンパを要請したり、また『トロツキー研究』の発行回数を減らし、さらには、コピー機のリース契約やインターネットや電話の契約も解約したりして、何とか研究所を財政的に維持することに努力を重ねてきましたが、それもしだいに困難になってきました。『ニューズレター』の印刷費や郵送費、電気代や水道代などは、この十数年、基本的に事務局員による個人的負担でまかなわれています。しかし、このような財政負担も限界になってきました。

またこの二七年間に事務局員も高齢化し、期日通りに発行することがしだいに困難になっています。会員、定期購読者のみなさんにご迷惑をかけているように、この数年はほとんど期日通りに発行されず、しばしば年をまたいで発行がずれ込む事態になっています。

こうした状況の中で、まことに残念ではありますが、昨年二〇一七年にロシア十月革命一〇〇周年を無事迎えたことをひとつの区切りとして、今年、二〇一八年いっぱいでもって、トロツキー研究所を閉鎖することにしました。『トロツキー研究』については、二〇一七年の秋冬号と二〇一八年の二号分の、計三号を発行して最後にしたいと思っています。したがって、二〇一八年末に発行される予定の第七三号が最終号になります。

二七年間にわたって、当研究所を支えてくださった、会員、定期購読者、支援者のみなさま、また『トロツキー研究』に論文や翻訳を寄稿してくださったみなさまに、この場をかりて改めて深い感謝を申し上げます。

なお、研究所の閉鎖にあたっては、研究所の出版物や、この間に集めた膨大な著作や資料、またトロツキー研究所に保管されていた大屋史朗文庫などを、できるだけPDFという形で電子化して保存したいと考えております。そのためにはPDF化のための膨大な費用がかかり、また研究所の閉鎖に際してのさまざまな雑費も必要になります。そこで、会費や定期購読費とは別に、みなさまからの特別カンパをお願いしたいと思っています。1口五〇〇〇円で、できるだけ多くの口数のカンパをお願いします。また、今回カンパしていただいた方には、研究所所蔵の文献や資料を何らかの形で利用できるようにしたいと思っています。研究所の乏しい財政事情をご理解の上、なにとぞよろしくお願いします。

二〇一八年一月二四日
トロツキー研究所事務局

カンパ振込先
トロツキー研究所
郵便振替　00130―1―750619

特集解題

ロシア革命一〇〇周年（上）――二月革命から七月事件まで

西島栄

昨年は一九一七年に起きたロシア革命の一〇〇周年の年であった。それに合わせて、さまざまな企画が行なわれ、多くの書籍が出版された。トロツキー研究所も、アジア連帯講座との共催で、昨年一一月にシンポジウム「世界を揺るがした一〇〇年間――世界史から見たロシア革命」を企画し、約八〇名の参加を得ることができた。この『トロツキー研究』でも、二回に分けて、ロシア革命一〇〇周年の企画をすることになり、一九一七年におけるトロツキーの未邦訳の文献を紹介することにした。今号は、一九一七年の前半を対象とし、七月事件までのトロツキーの諸文献を訳出掲載している。すでに『トロツキー研究』第五号と第四六号で、一九一七年におけるトロツキーの諸文献の一部を訳しているので、今回は、そこに収録されていないものを中心に編集した。いずれも基本的に本邦初訳のものである。

だが、いつものように準備に手間取り、二〇一八年まで発行がずれ込むことになった。だがそのおかげで、二〇一八年一月末に kindle 版で発行された英語版の『一九一七年のトロツキー』（*Trotsky in 1917: The most complete English-language collection of Leon Trotsky's writings from the year of the Russian revolution*, Socialist Books, 2018）を参照することができた。これは、一九二四年にロシアで出版されたトロツキーのロシア語版著作集第三巻『一九一七年』の英訳版である（後で見るように全訳ではないが、かなりそれに近い英訳）。

トロツキーの膨大な文献は英語や日本語をはじめきわめて多くの外国語に翻訳され普及されているが、その中で最も多くのトロツキー文献を翻訳している言語は言うまでもなく英語であり、おそらく日本語はそれに次ぐレベルであろう。しかし、肝心の一九一七年におけるトロツキーの文献の多くはこれまで英語やその他ほとんどの言語にも翻訳されてこなかった。

この一九一七年におけるトロツキーの論文や演説はロシア語版著作集の第三巻『一九一七年』の二巻本としてまとめられているにもかかわらず、その中で英語に訳されたのは今日までごく一部にすぎなかった。まず、戦前に英訳されたものとしては、M・オルギン編集の『わが革命』（Leon Trotsky, *Our Revolution: Essays on Working-Class and International Revolution, 1904-1917*, Edited by M. Olgin, New York, 1918.）と、レーニンとトロツキー両名の論文をまとめて編集した『ロシアにおけるプロレタリア革命』（Lenin&Trotsky, *The Proletarian Revolution in Russia*, edited by the American Communist, Louis C. Fraina, and published by the Communist Press, New York, in 1918.）、およびアメリカで発行されていた雑誌『階級闘争』に収録されたものが知られている。その中で、『ロシアにおけるプロレタリア革命』は最も網羅的なもので、この中には、一九一七年にトロツキーが発表したものの中で最もまとまった形で永続革命的展望について論じたパンフレット『次は何か――総括と展望』や『平和綱領』の英訳も収録されている。

戦後においては、『トロツキー演説集』(Leon *Trotsky Speaks*, Pathfinder, 1972.)が知られている(その中から一九一七〜一八年のものを選んで、以下の文献としても出版されている。Leon Trotsky, *Appeal to the Toiling, Oppressed and Exhausted Peoples of Europe*, Penguin Books, 1972.)。ただし、戦後に出た英訳は基本的に、すでに戦前に英訳されていたものをもう一度収録したものがほとんどであったから、一九一七年におけるトロツキーの論文と演説の英訳事業は、一九一八年段階からほとんど進展していなかったことになる。

今回、一九一七年におけるトロツキーの論文と演説のうち、すでに英語版として出版されているものを除く残るほとんどのものを英訳して収録したのが、今回出版された英語版の『一九一七年におけるトロツキー』である。一部重なっているものもあるが、改めて訳しなおされている。したがって、すでに英訳のあるものと今回の英語新訳版を合わせれば、トロツキーのロシア語版著作集『一九一七年』に収録されているもののうち、一九一七年に発表されたものはおおむね英訳されたとみなすことができる。

しかし、一九一七年にトロツキーがロシア革命に関連して書いた論文はロシア語版の『一九一七年』に収録されたものだけではない。実は、一九二二年にソ連で出版された『戦争と革命』の下巻にも、アメリカ亡命中のトロツキーが二月革命後に『ノーヴィ・ミール』に執筆した多くのロシア革命関連の論文が収録されているのだが、そのうち実際に『一九一七年』に収められたのは一部に過ぎなかった。主としてアメリカやヨーロッパに触れているものについては、収録されなかったのである。そこで、本号では、この系統のものもいくつか翻訳して紹介することにした。「ヨーロッパの不穏」「コミューンの旗のもとに」「戦争と革命」の三本がそれである。

本号にはなおいくつか、一九一七年の前半に絞っても翻訳していない文献があるが、それらについては

『ニューズ・レター』で翻訳紹介したいと思っている。

一九一七年の前半は便宜的に五つの部に分けている。第一の部は「二月革命以前」で、トロツキーがアメリカに亡命してから二月革命勃発の報を聞くまでの文献であり、一月九日の「血の日曜日」事件について論じた「偉大な年の教訓」だけを掲載している。第二の部は「二月革命から帰国まで」であり、この部には『トロツキー研究』第五号と第四六号にすでに掲載されたものを除く五本の論文を紹介している。

トロツキーは二月革命の報を聞いてすぐに帰国準備にかかるが、アメリカを船で出てからロシアに帰還するまでにイギリス軍によってカナダで一ヶ月間も抑留される羽目になる。五月はじめにようやくロシアへの帰還を果たし、嵐のようなロシア革命の諸事件に直接かかわることができるようになる。これが第三の部「帰国から第一回全露ソヴィエト大会」である。しかし、帰国後の最初の一ヶ月間はまだボリシェヴィキではなく、メジライオンツィの国際主義者として活動するが、独自の機関紙を持っていなかった。そのため、この最初の時期はトロツキーの論文を載せる媒体がなく、それゆえこの時期のトロツキーの演説は他の分派や組織の媒体において間接的な形で記録されたものしかない。しかし、そこに記録されているわずかな文献からも、このときのトロツキーがレーニンの「四月テーゼ」の路線と同じく、権力のソヴィエトへの完全な移行をめざして粘り強く下からの組織化（陣地戦！）を展望していたことは明らかである。トロツキーは六月になってようやく『フペリョート（前進）』という独自の機関紙を創刊し、ここからトロツキーはいつものように立て続けに論文を発表していくことになる。

六月初頭から開催された第一回全露ソヴィエト大会ではメンシェヴィキとエスエルが圧倒的多数を握っていたが、その中でトロツキーはボリシェヴィキと手に手をとって行動し、すでにボリシェヴィキの決議や声明のいくつかを自ら起草している。これが第四の部「第一回全露ソヴィエト大会」である。このときのトロツキーの演説は大会速記録に記録されているので、ほぼ完全なものが存在する。このソヴィエト大会直後にケレンスキーの六月攻勢が起こり、これはまたたく間に破綻して、労働者・兵士大衆の急進化を推し進めることになるが、この時期が本号の最後の部「ソヴィエト大会から攻勢へ」である。

この時期は六月末で終わるが、七月初頭には有名な七月事件が起こり、そこからボリシェヴィキ弾圧、トロツキーの逮捕とコルニーロフ反乱を経て、十月革命までの怒涛の展開になるのだが、それは次号のテーマである。

なお、本号に収録した演説のたぐいは、英訳版にも参考にしつつ、内容に即した独自のタイトルをつけてある。また長い演説には適宜、小見出しを入れておいた。

（二月革命以前）

トロツキ

偉大な年の教訓：一九〇五年一月九日〜一九一七年一月九日

（一九一七年一月七日）

訳　西島栄

革命的記念日というのは、回顧の日であるというよりもむしろ教訓を学ぶ日である。とりわけわれわれロシア人にとってはそうだ。わが国の歴史は貧弱であった。わが国の「独自性」と呼ばれたものは、かなりの程度、後進性、貧困、無知、無学の一部をなすものであった。一九〇五年革命がはじめて、わが国を政治的発展の大道へと連れ出したのである。一月九日、ペテルブルクの労働者は冬宮の門扉を激しくノックした。しかしこれは、ロシアの人民が歴史の扉を初めてノックしたものであったと言ってもよい。王冠を戴いた番人〔ツァーリのこと〕はノックに応えなかった。しかし、わずか九ヵ月後――一九〇五年一〇月一七日――には、専制はその重い門扉を少し開くことを余儀なくされた。そして、それ以降における反動側のあらゆる努力にもかかわらず、わずかな隙間はそのままずっと残ったのである。

革命は勝利しなかった。権力には今も、一二年前と同じ勢力とほとんど同じ人物が居座っている。しかし、革命はロシアを見違える姿に一変させた。停滞、隷属、ロシア正教、ウォッカ、卑屈さ、こういったものが支配していた王国は、激動、批判、闘争が支配する王国へと変貌した。つい最近まで、無個性で無定形な人民というこね粉が方々に散らばっていただけと見られていた地、この「聖なるルーシ」で、新しい諸階級が相互に自覚的に対立しあい、独自の綱領と独自の闘争方法を伴った諸政党が次々と興った。一月九日はロシアの新しい歴史を切り開いた。この血ぬられた一線からの後退、呪われたアジア的前世紀への後退は生じなかった。そして今後も生じないだろう。

※　※　※

自由主義ブルジョアジーでもなければ、小ブルジョア民主主義派でもなく、急進的インテリゲンツィアでもなければ、幾千万の農民でもなく、ロシア・プロレタリアートがその闘いによってロシアの新しい歴史を切り開いたのである。これは基本的事実である。この事実にもとづいて、われわれ社会民主主義者は自らの結論と自らの戦術を構築している。一月九日にペテルブルク労働者の先頭に立っていたのは聖職者のゲオルギー・ガポン[1]という神秘的人物であり、彼のうちには、冒険主義者、ヒステリー患者、ペテン師が結合していた。彼の法衣は、労働者をまだ古いロシア、「聖なるルーシ」に結びつけていた臍の緒を表わしていた。しかし、わずか九ヵ月後の一〇月ストライキの時期、すなわち歴史がかつて知っていた中で最大の政治的ストライキの時期にペテルブルク労働者の先頭に立っていたのは、労働者自身の選挙された自己統治組織、労働者代表ソヴィエトだった。その構成部分には、かつてはガポンの参謀に入っていた労働者が少なからずいたが、革命の数ヶ月間に、彼らは、自分たちが代表していた階級全体と同様、見違えるほど成長した。その間に秘密裏にロシアに帰ってきていたガポンは、自己の組織を復活させてそれをヴィッテ(2)の武器にしようとした。「忠実な」ガポン派の面々は何度か、労働者代表ソヴィエトと肩を並べて、塩会館で集会を催したことがあり、会議中に、「永遠の記念」（死者を称える聖歌）の歌声がわれわれのところまでしばしば聞こえてきた。ガポン派は、一月九日の犠牲者に関して葬送の讃美歌を歌う以上のことができなかったのである。

ミリューコフ

　革命の最初の時期、プロレタリアートの決起は、自由主義社会の同情やさらには支援さえ受け取った。ミリュコーフ(3)やその類の連中は、労働者がツァーリズムに打撃を与えることで、ツァーリズムが反政府派ブルジョアジーと合意を結ぶ方向に傾くことになるだろうと考えていたのだ。しかし、ツァーリの官僚制は数百年のあいだ人民に対する支配に慣れきっていて、自らの権力を自由主義者と分かち合うのを急ぎはしなかった。すでに一九〇五年一〇月にブルジョアジーは、ツァーリズムの背骨をへし折ることなしには権力に達することができないことを確信していた。このような高度なことを成し遂げることができるのは、明らかに革命が勝利することによってのみであった。

　しかし、全核心は、革命が労働者階級を前面に押し出し、彼らを団結させて、ツァーリズムのみならず資

グチコフ

本に対しても非和解的な敵へと鍛えつつあることだった。一九〇五年の一〇月、一一月、一二月のあいだ——労働者代表ソヴィエトの時期——、われわれは、プロレタリアートが新たな革命的一歩を進めるたびごとに自由主義者を君主制の側に押しやっていくのを目にした。ブルジョアジーとプロレタリアートとの革命的協力への希望が絶望的なユートピアであることがわかった。当時このことを見て取らなかった者、その後も理解しなかった者、いまだツァーリズムに対する「全国民的」蜂起を夢見ている者、これらの人々にとって革命と階級闘争は七つの封印をされた書物のままである。

一九〇五年の終わりに問題は先鋭な形で提起された。君主制はすでに経験から次のことを確信するに至っていた。決定的な闘争の瞬間にはブルジョアジーは労働者を支持せず、そのすべての力を労働者に対抗させることを決意するだろう、と。恐るべき一二月事件が始まった。ペテルブルクの労働者代表ソヴィエトは、政府に忠実なイズマイロフスキー近衛連隊によって逮捕された。それに対して壮大な回答が起こった。ペテルブルクのストライキ、モスクワの蜂起、すべての工業都市・工業中心地での嵐のような革命運動、カフカースとラトヴィア辺区での蜂起である。だが革命運動は鎮圧された。そして、「社会主義者」の中には、われわれの一二月の敗北から、ロシアにおける革命は自由主義ブルジョアジーの支持なしには不可能であるという結論を急いで引き出した愚か者が少なからずいた。もしそれが正しいとしたら、このことが意味するのはロシアにおいて革命はそもそも不可能だということである。

わが国の大工業ブルジョアジー——そして彼らだけが真の力を有しているのだが——は、克服しがたい階級的敵意でもってプロレタリアートから隔絶しており、秩序の支柱として君主制を必要としている。グチコフ[4]、クレストフニコフ[5]、リャブシンスキー[6]といった連中は、革命的プロレタリアートのうちに自分たちの不倶戴天の敵を見ないわけにはいかない。

わが国の中小の商工業ブルジョアジーは、国の経済生活において取るに足りない意義しか有しておらず、頭のてっぺんから足の先まで、大資本に対する従属の網で縛られている。中小ブルジョア市民の指導者たるミリュコーフ派は、大ブルジョアジーの番頭として行動する場合のみ政治的役割を果たす。まさにそれゆえ、このカデット指導者は革命の旗を「赤いぼろ切れ」と呼び、何度も何度もそれを否認し、ごく最近においても、すでに戦争中だというのに、ドイツに勝利するために革命が必要なら、われわれは勝利を拒否するとまで宣言したのである。

ロシアの生活において巨大な場所を占めているのは農民である。一九〇五年、農民はその最深部、最下層に至るまで揺り動かされた。農民は自分たちの地主を追放し、屋敷に放火し、地主貴族の土地を奪い取った。しかし、農民の不幸は、彼らの分散性、隔絶性、後進性にあった。さらに、農民の各層の利害は大いに異なっていた。農民は地方の農奴制擁護者たちに心底敵対しながらも、全ロシア規模の農奴制擁護者たちには大きな恐怖心を抱いたままであった。さらに、農民兵士たちは、プロレタリアートが自分のためだけでなく農民のためにもその血を流していることを理解することができず、ツァーリ権力の堅固な武器として一九〇五年一二月の労働者蜂起を鎮圧した。

一九〇五年の経験について熟考し、そこから延びている糸を今日までたどる者は、プロレタリアートと自由主義ブルジョアジーとの革命的協力というわが国の社会愛国主義者が抱いている希望が、生命力のない惨めな幻想であることを理解するだろう。それ以降の一二年間に、ロシアの大資本は巨大な発展を成し遂げた。中小ブルジョアジーは銀行とトラストへのますます大きな従属に陥った。数的に増大したプロレタリアートは、一九〇五年の時点よりもいっそう大きな深淵でもってブルジョア階級から隔絶している。「全国民的」革命は一二年前にも実現されなかったのだが、今ではそれへの希望はなおいっそう小さくなっている。たしかに、この間に、ロシア農民の文化的・政治的水準は大きく向上した。しかし、層としての農民の革命的役割はまたしても一九〇五年の時よりもはるかに小さくなっている。工業プロレタリアートの真に有望な同盟者は、ただ農村のプロレタリア的・半プロレタリア的層にのみ見出すことができる。

だが、もしそうだとすれば、ロシアで革命が勝利するチャンスはあるのか？――このように懐疑家は問う。この問題は独自の意義を有している。そしてわれわれは『ノーヴィ・ミール』紙上で、このようなチャンスはあるし、しかも非常に確固としているということを示そうと骨を折ってきた。しかし、この問題に入る前に、ツァーリズムとの闘争における労働と資本との革命的協力の可能性に関してあらゆる迷信を払拭しておかなければならない。

一九〇五年の経験は、このような協力が惨めなユートピアであることをわれわれに語っている。この経験をよく知ること、それを研究すること、このことは、悲劇的誤りを避けようと欲するあらゆる賢明な労働者の義務である。まさにこの意味で、われわれは最初にこう言ったのであった。革命的記念日はわれわれにとって回顧の日であるだけでなく、偉大な教訓を学ぶ日でもあるのだ、と。

『ノーヴィ・ミール』第八九〇号
一九一七年一月二〇日（七日）

訳注

（1）ガポン、ゲオルギー・アポロノヴィチ（1870-1906）……ロシア正教の司祭で、一九〇五年一月にペテルブルク労働者を組織してニコライ二世への請願運動を指導し、「血の日曜日」事件のきっかけとなる。事件後に亡命するも、一九〇五年一〇月に逮捕されロシアに戻され、オフラナのスパイに。一九〇六年にスパイ挑発者としてエスエル戦闘団によって暗殺される。

（2）ヴィッテ、セルゲイ（1849-1915）……ロシアのブルジョア政治家。資本主義育成策に力を注ぎ、一九〇五年革命のさなかに首相となって、国会開設などの一連の改革を指導。その後、反動化とともに失脚。

（3）ミリュコーフ、パーヴェル・ニコラエヴィチ（1859-1943）……ロシアの自由主義政治家、歴史学者。カデット（立憲民主党）の指導者。第三、第四国会議員。二月革命後、臨時政府の外相。四月一八日に、連合諸国に、戦争の継続を約束する「覚書」を出し、それに抗議する労働者・兵士の大規模デモが起こり（四月事件）、外相辞任を余儀なくされる。十月革命後、白衛派の運動に積極的に参加し、ソヴィエト権力打倒を目指す。一九二〇年に亡命。

（4）グチコフ、アレクサンドル・イワノヴィチ（1862-1936）……ロシアのブルジョア政治家。大資本家と地主の利害を代表する政党オクチャブリスト（一〇月一七日同盟）の指導者。第三国会の議長。第一次世界大戦中は一九一五年から一九一七年の革命まで中央戦時工業委員会の議長。二月革命後に臨時政府の陸海軍大臣。十月革命後はソヴィエト権力と積極的に戦うが、その後ドイツに亡命。

（5）クレストフニコフ、グリゴリー・アレクサンドルヴィチ（1855-1918）……ロシアの大工業家、国会議員。一九〇五年に商工業党を創設し、一九〇六年からオクチャブリスト。

（6）リャブシンスキー、パーヴェル・パヴロヴィチ（1871-1924）……モスクワの大資本家、銀行家、国会議員。父親の家業を継いで、銀行業や繊維産業を含む資本帝国を築き上げる。第一次世界大戦中はモスクワ戦時工業委員会の議長。国会内の進歩派ブロックの創設者にして指導者。二月革命後、反革命派将軍による軍事独裁の思想を擁護するが、コルニーロフ反乱の崩壊後に政治から引退。一九一九年に亡命。

（二月革命から帰国まで）

トロツキー

ヨーロッパの不穏

（一九一七年三月二日）

訳　西島栄

ヨーロッパでは不穏な空気がうずまいている。ロシアという東方からは、警告の春風が吹いてきており、その風とともに、ピーテル〔ペトログラード〕とモスクワの労働者の革命的叫び声を運んでいる。

二年前なら、ホーエンツォレルン家とハプスブルク家は〔敵国である〕ロシアにおける革命運動の情報に接して多少の満足を感じたことだろう。しかし今では、それはただ、彼らの心中を不安だらけの予感で満たすだけである。なぜなら、ドイツで不穏な空気が、オーストリアでは不気味な空気がうずまいているからである。ドイツの潜水艦は「協商国」の軍装備品を沈めることにそれなりに成功したが、ドイツの水兵に穀物やミルクを一杯でも多く供給することに関しては無力であった。そして、ペトログラードとモスクワでの飢えた女性たちのデモ行進は、明日にもベルリンやライプチヒの母親たちの胸中に反響を引き起こしかねないのだ。

「われわれは勝利しなければならない」――最近、ドレスデンにおいて保守派の指導者ヴェスタープ伯(1)は言った。賠償金を獲得しなければならない。さもなくば戦後、すべてのドイツ兵は、戦前に支払っていた額の五倍もの額を税金として国家に支払わなければならないだろう、と。

フランスの蔵相リボー(2)もヴェスタープと同じ意見だ。勝利しなければならない（ドイツに）、そして賠償金を獲得しなければならない（ドイツから）。さもなくば、戦争の決算が始まるや、支配層は人民の前でたちまち困った状況に陥るだろう、と。しかし、勝利は現在、戦争の初日と同じぐらい遠いところにある。その間に、人口が増大していないフランスはすでに一五〇万人もの人命を失っている。そして同じだけの、足を失った者、手を失った者、耳が聞こえなくなった者、目が見えなくなった者、廃疾状態になった者がいる…。「愛国主義的」おしゃべり屋と政治的詐欺師たちの心中にも不気味な思いが去来している。彼らは責任感というものには無縁だが、恐怖感だけはよく知っている。フランス議会は出口を模索している。いかなる手を打つべきなのか？ 不幸な共和制のあらゆる金融的・政治的いかさま師の庇護者であるブリアン首相(3)を放逐するつもりである。そして彼に代えて、同じ資質を持っているがもう少しスケールの小さい別の人物〔リボー〕を据えようとしている。

イギリスにも不穏な空気がうずまいている。ロイド=ジョージ(4)は、自分のコックであるアスキス(5)の足元をすくうことが問題になったときには、大いにその巧妙さを発揮した。それゆえ、愚か者や単細胞の連中は、ロイド=ジョージが最短期間でドイツ人を打ちのめすだろうと期待した。しかし、イギリス帝国主義の徒党のトップに立つこの破門された元司祭には、奇跡を引き起こすことなどできないことがわかった。イギリス国民は、ドイツ国民と同じく、戦争が絶望的な袋小路にはまりこんでしまったことをますます確信するようになっている。戦争に反対する者たちのアジテーションは、ますます大きな反響に出くわしている。監獄は社会主義者であふれている。アイルランド人はますます頑強にイギリス政府からの自治の実現を要求しているが、イギリス政府はアイルランド人革命家のあいつぐ逮捕でもってそれに答えている。

イタリア政府は、その軍事力よりもはるかに大きな野心をもって戦争に参加したが、他のどの国よりも自国が不安定であると感じている。一方では、オーストリアとドイツの潜水艦が、イタリアにとって必要不可欠な石炭の搬入を困難にしている。他方では、勇敢なイタリア社会主義者たちはその反戦アジテーションをますます大きな成功をおさめながら遂行している。それゆえ、ハンガリーの独裁者ティサ(6)の首相解任が目の前に迫っているにもかかわらず、イタリアの首相ボセッツリ(7)はそれを喜ぶことができないでいる。なぜならそれは、自分自身の臨終の時を連想させるものだからだ。

交戦中のヨーロッパ諸国の議会および政府関係者にも不安がうずまいている。あらゆるところで内閣危機が取り沙汰され、「民族」戦争のぼろぼろの指導者たちの更迭は、現在の状況において権力を自らに引き受ける用意のある「権威のある」代議士ないし冒険主義者がわずかしかいないというただそれだけの理由でかろうじて先送りされている。

その一方で、戦争マシーンは停止することなく両陣営で回転しつづけている。すべての諸政府は、平和を欲するとともにそれを恐れている。なぜなら講和交渉が開始される日は総決算が始まる日でもあるからだ。支配層は勝利への確信もなしに、また戦争の方法にますます絶滅戦的性格を付与しながら、戦争を続けている。そして、それでもやはり――中立諸国のブルジョア的世論にとってさえ――ますます明らかになっているのは、第三勢力の介入だけがヨーロッパ諸国民の相互殺戮に終止符を打つことができるということである。このような第三勢力は革命的プロレタリアートでしかありえない。

その不可避的な登場を前にしての恐怖こそが、政府、議会、諸政党の政策を決定する主要な力となっている。そして、結局のところ内閣危機と議会内諸政党の再編が、欺かれていた大衆に対する恐怖によって起こりつつあるのである。

こうした状況の中で生じているペテルブルクとモスクワにおけるストライキと騒乱は、ロシアの国境をはるかに越えた政治的意義を有している。これは終わりの始まりである。悪辣なヨーロッパ諸政府の中で最も悪辣な政府に矛先を向けたロシア・プロレタリアートの断固たる行動の一つ一つが、他のすべての国における労働者にとって強力な刺激となるだろう。愛国主義的気分と軍事的規律の外皮は、戦争の三一ヵ月の中でとことんまで薄くなった。鋭い一撃があれば、この外皮は飛び散るだろう。支配層はこのことを知っている。それゆえ、ヨーロッパがこれほどまでに不穏になっているのである…。

『ノーヴィ・ミール』第九三六号
一九一七年三月一五日（二日）

訳注

（1）ヴェスタープ、クーノ・フォン（1864-1945）……ドイツ帝国末期からヴァイマール共和国期のドイツの保守・右派政治家。ドイツ保守党、ドイツ国家人民党、ドイツ保守人民党の党首を務めた。

（2）リボー、アレクサンドル（1842-1923）……フランスの政治家、中道左派。一八九二～九三年、一八九五年、一九一七年に首相。第一次世界大戦中は蔵相や外相、首相などを歴任。一九一七年三月二〇日から九月一二日までフランス首相兼外相。

（3）ブリアン、アリスティード（1862-1932）……フランスの政治家。当初、フランス社会党でその後急進社会党に移行。一九〇九年にジョルジュ・クレマンソーの後を受けて首相に就任する。それ以降、一九一三年、一九一五年、一九二一年、一九二五年、一九二九年に首相に就任。とくに第一次世界大戦中の一九一五年一〇月から一九一七年三月二〇日まで首相をつとめ、第一次世界大戦を指導。後任はアレクサンドル・リボー。

（4）ロイド＝ジョージ、ディヴィッド（1863-1945）……イギリスのブルジョア政治家で、第一次世界大戦中の一九一五年から一九一六年の一二月までアスキス内閣で軍需大臣、陸軍大臣を歴任し、一九一六年一二月から戦後の一九二二年一〇月までイギリスの首相。ロシア十月革命後、ソヴィエト・ロシアへの干渉戦争を推進。

（5）アスキス、ハーバート・ヘンリー（1852-1928）……イギリスの自由主義政治家で、自由党の指導者。一九〇五年から一九〇八年まで蔵相。一九〇八年からイギリスの首相となり、内政では福祉国家の先駆となるような政策を実行しつつも、外政ではドイツとの軍拡競争と帝国主義政策を推進し、第一次世界大戦を招いた。一九一五年五月から挙国一致内閣の首相となるが、一九一六年一二月には、やり方が手ぬるいと思われたロイド＝ジョージによって辞任に追い込まれ、代わってロイド＝ジョージが首相に就任。

（6）ティサ・イシュトヴァーン（1861-1918）……ハンガリーの大地主貴族で、第一次世界大戦中にオーストリア＝ハンガリー帝国の首相をつとめる。一九一七年六月に首相を解任され、一九一八年のハンガリー革命のさなかに革命派の兵士によって殺害された。

（7）ボセッリ、パオロ（1838-1932）……イタリアの右派政治家で、一九一六年にイタリアの首相に就任。一九一七年一〇月に辞任。

トロツキー

ロシアの革命

（一九一七年三月三日）

訳　西島栄

現在ロシアで起きていることは、歴史の最も偉大な諸事件の一つとして歴史の中に永遠に入るだろう。われわれの子供、孫、曾孫たちは、これらの日々のことを人類史における新しい時代の始まりとして語りつぐことだろう。ロシア・プロレタリアートは、最も犯罪的な体制に対して、最も下劣な政府に対して決起した。ペトログラードの人民は最も残忍で最も血ぬられた戦争に対して立ち上がった。首都の諸部隊は反乱と自由の赤旗のもとに立った。ツァーリの大臣たちは逮捕された。ロマノフ王朝の大臣たち、旧ロシアの支配者、ロシア全土の専制権力の組織者たちは、これまで人民の戦士たちに対してのみその冷たい金属製の扉を開いては飲み込んでいた監獄の一つ〔ペトロパブロフスク要塞監獄〕に放りこまれた。この事実一つだけでもすでに、今回の諸事件に対する、その規模と偉大さに対する真の評価を可能としている。革命の強力な雪崩は全速力で進んでいる。人間のいかなる力をもってしてもそれを押しとどめることはできないだろう。

現在権力に就いているのは、特電の伝えるところによると、ロジャンコ(1)を議長とする国会《ドゥーマ》多数派の代表者たちによって構成された臨時政府である。※自由主義ブルジョアジーの執行委員会たるこの臨時政府は、革命をめざしてなどいなかったし、革命を引き起こさなかったし、現在それを指導してもいない。ロジャンコとミリュコーフを権力の高みにのぼらせたのは、革命的高潮の最初の大波だった。彼らは何よりも、その中でおぼれてしまうのではないかと恐れている。独房に移送された大臣たちのぬくもりがまだ残っている席を占めた自由主義ブルジョアジーの指導者たちは、革命が終了したものとみなすことに汲々としている。全世界のブルジョアジーの思考と希望もそのようなものである。ところが革命は始まったばかりなのだ。その推進勢力は、ロジャンコとミリュコーフを選んだ人々ではない。そして、六月三日的国会(2)《ドゥーマ》の執行委員会のうちに、革命は自己の指導部を見出しはしない。

※一九二四年版原注　アメリカの新聞の電報は国会委員会と臨時政府とを混同していた。

腹をすかせた子供を抱えた飢えた母親たちは怒りに燃えて、そのやせこけた手を宮殿の窓々に向けて振り上げた。市井の女性たちのこの呪詛の叫びが革命的合図の声として鳴り響いた。ここから事件が始まった。ペトログラードの労働者はただちに臨戦体制に入った。工場から何十万もの労働者があふれ出し、舗装道路でバリケードを構築しはじめた。ここに革命の力がある！　ゼネストが首都の巨大な有機体を震撼させ、国家権力を麻痺させ、ツァーリをその黄金の巣窟の一つに追い立てた。ここに革命の手段がある！　全ロシア軍の中で最もお膝もとの部隊であるペトログラード守備隊は、蜂起した大衆の呼びかけに応じた。こうして人民の最初の巨大な成果が可能となった。革命的軍隊がそれだ。まさにそこに、革命の諸事件を左右する決定的な言葉が属するだろう！

われわれが現在もっている情報は不完全である。闘争が起こった。君主制の大臣たちは闘うことなく降伏したわけではない。スウェーデンからの電報は、橋の爆破、街頭での衝突、地方都市での蜂起について語っている。ブルジョアジーが、エンゲリハルト大佐(3)や検閲官のグロンスキー(4)とともに権力の座に就いたのは、「秩序を回復する」ためであった。これは彼ら自身の言葉だ。臨時政府の最初の声明は、平穏を保って静かに仕事へ復帰するよう市民に呼びかけるものだった。あたかも人民による清掃作業がすでに終わったかのように、あたかも革命の鉄の箒《ほうき》がすでに、何世紀にもわたってロマノフ王朝の周囲に積みかさねられてきた反動的汚物をすっかり一掃してしまったかのように!

いや、ロジャンコとミリュコーフが秩序について語るのは早すぎた。動き始めたルーシに平穏が訪れることは当分ない。今やロシアの各層が――ツァーリズムと支配階級によって抑圧され窮乏化させられ奪われてきたすべての者たちが――、ロシアという「諸民族の牢獄」の広大な地で次々と立ち上がっていくだろう。ペトログラードの事件は始まりにすぎない。ロシアの人民大衆の先頭に立っている革命的プロレタリアートは自らの歴史的仕事を遂行するだろう。すなわち、君主制的・貴族的反動をそのあらゆる避難所から追い出し、ドイツと全ヨーロッパのプロレタリアートにその手を差しのべるだろう。なぜなら、ツァーリズムを清算する必要があるだけでなく、戦争をも清算する必要があるからだ。

すでに革命の第二波は、秩序を回復することと君主制と妥協することしか考えていないロジャンコとミリュコーフの頭を飛び越えて前進しつつある。革命はそれ自身の内部から力を引き出すだろう。勝利をめざす人民の革命的機関〔ソヴィエト〕がそれだ。主要な戦闘も主要な犠牲もまだこれからである。その後になって初めて、嘘偽りのない真の勝利がやってくるのだ。

ロンドンからの最新の電報によると、皇帝ニコライは退位して自分の息子にその地位を譲りたいとの意向を持っているそうである。これを取引材料にして、反動派と自由主義派は君主制と王朝を救おうとしている。手遅れだ。まったく手遅れだ。そうするにはあまりにも犯罪は大きく、苦しみはあまりにもむごく、そして、人民の怒りはあまりにも巨大である。

手遅れだ、君主制の従僕たちよ！　手遅れだ、自由主義派の火消したちよ！　革命の雪崩は動き出した。人間のいかなる力をもってしてもそれを押しとどめることはできない。

『ノーヴィ・ミール』第九三七号
一九一七年三月一六日（三日）

訳注

（1）ロジャンコ、ミハイル・ウラジミロヴィチ（1859-1924）……ロシアのブルジョア政治家、大地主、オクチャブリスト。一九〇七〜一七年、国会議員。一九一七年の二月革命後に国会議員臨時委員会議長。国内戦中はデニーキン白衛軍に属して、ソヴィエト政権に敵対。一九二〇年にユーゴに亡命。

（2）六月三日的……一九〇七年六月三日のストルイピンのクーデターによって選挙法が改悪され、その結果、第三国会と第四国会は地主貴族や官僚の利益を代弁する保守反動派が多数を占めるようになった。

（3）エンゲリハルト、ボリス・アレクサンドルヴィチ（1877-1962）……ロシアの軍人、政治家。第四国会議員でオクチャブリスト。二月革命後に臨時政府の軍隊委員会の代表に選出される。十月革命後、ソヴィエト権力と敵対。その後亡命。

（4）グロンスキー、パーヴェル・パブロヴィチ（1883-1937）……ロシアの政治家、学者、カデットの中央委員で、第四国会の議員。二月革命でドゥーマ委員会の逓信担当委員に。十月革命後、ソヴィエト政権に敵対し、一九一九年にデニーキン政府の内相に。一九一九年末にパリに亡命。

トロツキー

コミューンの旗のもとに

（一九一七年三月四日）

訳　西島栄

歴史において戦争と革命はしばしば相次いでやってきた。

通常の時期には、労働者大衆は、おとなしく日々そのつらい重荷を引いており、習慣という巨大な力に服している。もしこのような習慣が存在しないなら、どんな監督者も、警官も、看守も、死刑執行人でさえも大衆を従わさせておくことはできないだろう。この習慣という力は資本の確かな奉仕者なのである。

戦争は、大衆を八つ裂きにし破滅させるだけでなく、支配層にとっても危険なものである。その理由はまさに、それが一撃でもって人民を日常の習慣的状況から叩き出し、その雷鳴でもって、最も後進的で暗愚な民衆をも目覚めさせ、自分自身とその周囲を見つめ直すことを余儀なくさせるからである。

幾百万の勤労者を炎の中に追いやることによって、支配層は習慣の代わりに約束と嘘を与えなければならない。ブルジョアジーは、自国の戦争を、人民大衆の寛大な心に訴えるような特徴でもって粉飾しなければならない。「自由」のため、「正義」のため、「よりよき生活」のための戦争だと！　大衆をその根底から揺り動かした戦争は、不可避的に彼らを幻滅させることで終わる。なぜなら戦争は、新しい傷跡と鉄鎖以外の何ものももたらさないからである。戦争によって引き起こされた動揺と緊張ゆえに、幻滅した大衆はしばしば支配層に対して怒りを爆発させる。戦争は革命を引き起こす。

これこそ一二年前の日露戦争の時期に起こったことである。日露戦争はたちまち人民大衆の不満を先鋭化させ、一九〇五年革命をもたらした。

これは四六年前のフランスでも起こった。一八七〇〜七一年の普仏戦争は労働者の蜂起とパリ・コミューンの樹立をもたらした。

パリの労働者はブルジョア政府によって武装されていた。ドイツ軍から首都を守るための国民衛兵としてである。しかし、フランス・ブルジョアジーは、ホーエンツォレルン家の軍隊よりも自国のプロレタリアートの方を恐れていた。パリが降伏した直後、共和制政府は労働者を武装解除しようとした。しかし、戦争はすでに労働者の中に反乱の精神を目覚めさせていた。彼らは、戦争前と同じ労働者として仕事場に復帰するつもりはなかった。パリのプロレタリアたちは武器を手放すことを拒否した。武装した労働者と政府の連隊とのあいだで衝突が起こった。それが一八七一年三月一八日のことである。労働者はこの闘いで勝利し、パリの支配者となり、三月二八日、首都パリに――コミューンの名において――プロレタリア政府を樹立した。それはあまり長くは続かなかった。五月二八日、コミューンの最後の防衛部隊が大規模なブルジョア軍隊の攻撃に対して英雄的な抵抗を繰り広げた後、陥落した。プロレタリア革命の参加者たちに対する血ぬられた弾圧の数週間、数ヵ月間が始まった。しかし、その存在の短命さにもかかわらず、コミューンはプロレタリア闘争の歴史における最も偉大な事件でありつづけた。パリ労働者の経験にもとづいて、世界のプロレタリアートは、プロレタリア革命とは何であるのか、その目的と手段がいかなるものであるのかを初めて理解したのである。

コミューンは最初から、外国人が労働者政府の構成員に選ばれることを是認した。それはこう宣言した。「コミューンの旗は世界共和国の旗である」と。

コミューンは、国家と学校から宗教を一掃し、死刑を廃止し、ヴァンドーム広場の円柱《コラム》(1)――排外主義の記念碑――を解体し、すべての職務とポストを人民の真の奉仕者たちに委ね、彼らの俸給を労働者の賃金を超えないものに定めた。

コミューンは、仰天した資本家たちによって閉鎖された工場の調査に乗りだした。社会の負担によってそこでの生産を再開するためである。これは、経済の社会主義的組織化に向けた最初の一歩だった。

コミューンはその企図を成し遂げることなく、粉砕されてしまった。フランス・ブルジョアジーは、「国家の敵」たるビスマルクと協力して――彼はたちまちフランス・ブルジョアジーの階級的同盟者となった――、自己の真の敵である労働者階級の蜂起を血の海に沈めた。コミューンの計画と課題は実現されなかった。しかし、その代わり、それは全世界におけるプロレタリアートの最良の息子たちの心中に入っていき、われわれの闘争の革命的遺訓となったのである。

そして一九一七年の三月一七日(四日)の現在、パリ・コミューンの模範がかつてなくはっきりとわれわれの前に現われている。なぜなら、われわれは長い幕間を経た後、再び偉大な革命的闘争の時代に入ったからである。

世界大戦は、何千万もの勤労者を労働と日常生活の習慣的諸条件から叩き出した。今日まではそれはヨーロッパだけのことだったが、明日にはアメリカもそうなるだろう。労働者大衆は、この戦争におけるほど大きな約束を与えられたことも、これほど虹色の目的が描かれたことも、これほど魅了させられたこともなかった。いまだかつて有産階級は――いわゆる「祖国防衛」という偽りの名において――これほど多くの血を人民に求める決断をしたことはなかった。そして、勤労者たちが今日におけるほど欺かれ、裏切られ、磔《はりつけ》にされたこともなかった。

血と汚物で埋まった塹壕の中で、飢えた都市と農村の中で、幾百・幾千万もの人々の心中は、怒り、絶望、憤怒で満たされている。そしてこうした感情が社会主義思想と結びついて、革命的熱狂へと転化しつつある。明日には、その燃えるような熱情は労働者大衆の強力な決起として表面化するだろう。

すでにロシアのプロレタリアートは革命の大道へと足を踏み出した。そのすさまじい攻撃のもと、専制君主の中で最も恥知らずな君主の砦が倒れ、崩れ落ちた。しかし、ロシアの革命は全ヨーロッパと全世界におけるプロレタリアートの蜂起の前触れにすぎない。

パリ・コミューンを思い出せ！——われわれ社会主義者は、立ち上がった労働者大衆に言うだろう。ブルジョアジーは外敵に対抗するために諸君を武装した！

この武器をブルジョアジーに返還するのを拒否せよ、一八七一年にパリの労働者がそうしたように！

カール・リープクネヒトが諸君に訴えたように、この武器を諸君の真の敵に、資本に向けよ！　資本の手から国家機構を奪い取り、それをブルジョア的暴力の手段から、プロレタリア的自己統治の機構に転換せよ。

諸君は今や、パリ・コミューンの時代における諸君の先駆者よりもはるかに強力である。すべての寄生者どもをその玉座から叩き出せ。土地、鉱山、工場を諸君自身の管理下に置け。労働における兄弟的連帯を、その成果の享受における平等を！

コミューンの旗は世界労働共和国の旗だ！

『ノーヴィ・ミール』第九三八号
一九一七年三月一七日（四日）

訳注

（1）ヴァンドーム広場の円柱……ナポレオン一世がアウステルリッツの勝利を記念してヴァンドーム広場に立てさせた巨大な円柱で、パリ・コミューンの際に、画家のクールベの提案にもとづいて解体された。パリ・コミューン弾圧後に再建される。

トロツキー

裏切り者は誰か？

（一九一七年三月九日）

訳　西島栄

われわれは、グチコフとミリュコーフの政府による好戦的な計画と企図を糾弾してきた。われわれは、ロシアの革命的人民は平和を欲しているときっぱりと宣言した。この点に関して、ここ〔アメリカ〕の反動新聞『ルースカヤ・ゼムリャ（ロシアの土地）』はわれわれのことをドイツびいきで裏切り者だとしている。

かつてのツァーリ政府はドイツびいきであり、ホーエンツォレルン家と王朝的で反国民的な協定を結ぼうとしていた。『ルースカヤ・ゼムリャ』はつい最近までまさに犬のような忠誠心をもってニコライ二世の政府に奉仕していた。そして、もしニコライがヴィルヘルムと講和を結ぶことに成功していたならば、『ルースカヤ・ゼムリャ』は、再び這いつくばってドイツ皇帝の騎兵用長靴にキスし始めていただろう。まさに戦争が勃発するまで、ロシアのすべての坊主的・貴族的・官僚的反動どもがそうしてきたようにである。

われわれは以前と同様、今日においてもロマノフ家とホーエンツォレルン家に対する不倶戴天の敵である。彼らは、ロシアとドイツの人民を現在の戦争という惨事に追いやった張本人である。われわれは言う、人民はこの戦争を望んでいなかったし、現在も望んでいない、と。われわれは言う、ミリュコーフは、あたかもロシアの労働者と農民が、アルメニアやコンスタンチノープルやガリツィアのために自らの血を流すことを熱烈に望んでいるかのように言うことで、世界を欺いている、と。われわれは言う、平和と深い社会的

ニコライ二世

改造への志向によって鼓舞されている真に人民的な革命政府をロシアで実現することこそがドイツの支配徒党にとって致命的に危険なものだ、なぜならそれはドイツ・プロレタリアートの革命的蜂起を引き起こしかねないからだ、と。そしてよりによってこのことを理由に、『ルースカヤ・ゼムリャ』——この新聞は、昨日まではツァールスコエ・セロー〔ツァーリの宮殿〕にいる、ドイツ皇帝の友人〔ニコライ二世〕の資金援助を受けていたのだが、今では自由主義的帝国主義者から資金援助を得ようとしている——は、われわれの「裏切り」について云々しているのだ。

少しはおとなしくしたまえ！　君ら御用新聞の醜い顔は、革命の光が届いたこともなければ今も届いていない黒百人組の暗い通路に隠しておきたまえ！

『ノーヴィ・ミール』第九四三号
一九一七年三月二二日（九日）

トロツキー

戦争と革命

（一九一七年三月九日）

訳　西島栄

アメリカ合衆国は、ヨーロッパの東方で戦争がすでに革命を引き起こしたまさにその時期に戦争に参加しようとしている。この符合ははなはだ意義深いものであり、おそらく偶然ではない。ロシア革命は、事態に新しい勢力を引き入れ、それは支配階級の心中に大きな不安を掻きたてている。現在、ロシアのトップに立っているのは、オクチャブリスト＝カデットの政府であり、彼らは、その宣言の中で、ツァーリズムのあらゆる金融上および国際政治上の諸義務を遂行することを高らかに約束している。すなわち、フランス、イギリス、アメリカの証券取引所への利子をきっちり支払うこと、これらの国々と連帯して、戦争を「勝利という最後」まで遂行すること、である。このような義務はそれ自体としては非常に慰めになるものであるが、だが明日にはどうなるか誰に請けあうことができよう？　グチコフ＝ミリュコーフ内閣が一掃され、彼らに代わって革命政府が現われたなら、これは戦争の清算と、旧体制の諸義務の革命的清算を意味するだろう。これは、戦争へのアメリカの介入にとってきわめて不都合な時機となるだろう。急がなければならない。戦争に向けた国民の準備教育の期間を短縮しなければならない。そして――ニューヨークでの大規模集会が示したように――、ロシアでの偉大な事件の影響を受けて、正反対の方向に向けた大衆の再教育が始まりつつあるだけになおさらである。鉄は熱くなる前に打たなければならない。

アメリカの資本家階級は手をこまねいているわけにはいかない。軍需工業とその乳兄弟たる金融資本は支配層の意志に圧力をかけ、最大級の恐慌に対する恐怖は彼らを戦争という奈落へと駆り立てた。ロシアという模範が戦争と革命とのあいだにある結びつきをあれほど教訓的かつ明白な形で示したにもかかわらず、そして、すべてのヨーロッパ政府が熱病的な動乱の時期に突入しようとしているにもかかわらず、さらにアメリカのブルジョア新聞自身が現在、ヨーロッパにおける革命の不可避性という考えに世論を慣れさせようとしているにもかかわらず、アメリカの「平和主義的」政府は自らの使命を遂行することを余儀なくされた。すなわち、最後の大国を戦争という血ぬられた学校に入学させることである。この事実は、ブルジョアジーにとって、事態を掌握し人民を指導する可能性と能力とがいかに失われてしまったかをわれわれに示している。資本主義の野放図な力は自動的で容赦のない形で作用している。それを制御できるのは革命的プロレタリアートだけである。アメリカ資本は自国を戦争へと引きずり込みつつある。アメリカのプロレタリアートはそこからの出口を社会革命への道に見出すだろう。

『ノーヴィ・ミール』第九四三号
一九一七年三月二二日（九日）

（帰国から第一回全露大会まで）

トロツキー

臨時政府とソヴィエト——社会民主党合同全市協議会での演説

（一九一七年五月七日）

訳　西島栄

わが国の革命はブルジョア革命と呼ばれている。このことは、権力につくべきなのはせいぜいのところブルジョア民主主義派であって、プロレタリアートは野党の地位にいなければならないということを意味する。※ということは、社会民主党のうち、臨時政府に自党のメンバーであるツェレテリ(1)やスコベレフ(2)を送り出した部分〔メンシェヴィキ〕は、与党に、ブルジョア革命の党になったということ、つまりブルジョア政党になったということだ。

労働者・兵士代表ソヴィエトの代議員大衆と、その思想的指導者たるツェレテリ＝スコベレフ派とのあいだには相違があるのだが、前者はそれについてきちんと把握していなかったし、革命の推進力の全複雑さを理解していなかった。その一方で、スコベレフとツェレテリは社会民主党の思想的指導者でもあり、その戦術によって社会民主党とエスエルの名誉を失墜させているだけでなく、社会民主党内のツィンメルワルト派の名誉をも失墜させている。彼らは自分たちがこの潮流に属していると称しており、われわれはもっぱらこのツィンメルト派にインターナショナル再建へのいっさいの希望を託しているのだ。

※一九二四年版編者注　ここで筆者はメンシェヴィキの立場について叙述している。

ツェレテリ

われわれは彼らを党から除名したわけではない。彼らはその振るまいによって自らを社会民主党の外部に置いたのだ。われわれは、彼らに対する責任をほんのわずかでも負うことを拒否する。政府に入ることによって彼らは、その捕虜に、あるいはその手先になったのであり、われわれ革命的社会民主主義者にとっての唯一の課題は彼らを暴露することである。われわれは自らの前に明瞭ではっきりとした課題を立てている。すべての権力をソヴィエトの手に完全に移すことである。われわれにとってこの問題は今日の問題ではない。われわれは、権力の獲得が長期にわたる過程であり、事態の発展テンポに依存していることを知っている。われわれはソヴィエトを差しおいて権力を握ることについて語ってはいない。なぜなら、ソヴィエトはすべての革命的民主主義派による統治の代表制形態だからである。われわれがなすべきなのはただ、ソヴィエトのうちに自らの多数派をつくり出し、ソヴィエトの活動を真に革命的な内容で満たし、われわれのスローガンを中心に広範な人民大衆を組織するようつとめることである。

できるだけ早急に権力を獲得することがわれわれの利益になるわけではない。なぜなら、この瞬間が遠ければ遠いほど、それだけわれわれの隊列は組織的かつ自覚的なものになり、権力獲得のしかるべき時期において、われわれはそれだけますます準備が整っているだろうからだ。

われわれは新しい臨時政府に対するどんな支持も断固として拒否する。その危機はわれわれの危機ではない。なぜなら、われわれは常に臨時政府の真の本質について、その完全なブルジョア的エゴイズムについて――この本質は彼らの民主主義的美辞麗句によって、そして今では二人の社会主義的遺体〔ツェレテリとスコベレフ〕によって隠蔽されているが――、労働者大衆に語っているからだ。社会主義者の入閣は完全な破産で終わるだろう。〔いっしょに入閣した〕チェルノフ(3)は何ごとをなすこともできないだろう。彼は憲法制定議会に向けた資料や書類を準備しているが、実践的な措置は何ら取っていない。その間に、反革命分子の権力がますます形成されつつある。もしわれわれがこの混乱の糸玉に巻き込まれることになるならば、わが国には未来へのいかなる希望も失せてなくなるだろう。

労働者・兵士代表ソヴィエトの解体は進んでおり、右からも左からも部分的に削ぎ落とされている。しかし、これは革命の歴史における最終章ではない。第三章や第四章があるだろう。その時には、都市と農村における小ブルジョア分子〔メンシェヴィキとエスエル〕からの完全な分離が始まるだろう。われわれが最終的に勝者となるかどうかわからない。わかっているのは、ソヴィエトから政府に四人のメンバー(4)を移し入れても何も事態は変わらないということだ。階級的相互関係は協調や内的手直しによって変わりはしない。われわれは自分たちの階級とともに歩まなければならない。われわれが勝利するかどうかはわからないが、他に道はないことだけはわかっている。
そして、〔ヨーロッパの〕社会革命を時期尚早に予見したマルクスが間違っていたとしても、このことはわれわれの予見が時期尚早であることを意味しない。戦争によるあらゆる激動の後で、社会主義文化の五〇年に及ぶ教育の後で、人民がこれまで経験したその他いっさいの後で、社会革命にとってこれ以上有利な条件が他のどこにあるというのか？　そして、すべての国の人民が排外主義のあらゆる欺瞞、嘘、汚物を自分自身から払拭するのを余儀なくさせた戦争が、それでもなおヨーロッパを社会革命に導かないとすれば、このことは、ヨーロッパが経済的に衰退することを運命づけられていること、それが文明国としては滅びることと、旅行者にとっての単なる好奇の対象としてのみ役立つことを意味するだろう。そして革命運動の中心がアメリカか日本に移ることを意味するだろう。

『ノーヴァヤ・ジーズニ』第一八号
一九一七年五月九日

訳注
（1）ツェレテリ、イラクリー・ゲオルギエヴィチ（1881-1959）……メンシェヴィキの卓越した指導者。二月革命後、流刑地から戻ってきてペトログラード・ソヴィエト議長。五月に、郵便・電信相として第一次臨時政府に入閣。六月、第一回全露ソヴィエト大会で中央執行委員会議長に。七月事件後に内相に就任。一九一八年にグルジアのメンシェヴィキ政府の首班。一九二一年に亡命。
（2）スコベレフ、マトヴェイ・イワノヴィチ（1885-1938）……一九〇三年からメンシェヴィキ。一九〇六年に亡命。トロツキーの指導の下でウィーン『プラウダ』の編集に携わる。一九一二年以降、第四国会の社会民主党議員団の一人。第一次大戦中は社会排外主義者。二月革命後、ペトログラード・ソヴィエトの議長代理。五月、第一次連立政府の労働大臣。一九二二年にボリシェヴィキに入党し、利権委員会に。一九二四年にロシアに帰還。一九三八年に逮捕粛清され、死後名誉回復。

(3)チェルノフ、ヴィクトル・ミハイロヴィチ(1873-1952)……エスエルの指導者。一八八〇年代末から革命運動に参加。第一次大戦中は受動的国際主義の立場でツィンメルワルト会議およびキンタール会議に参加。二月革命後、第一次臨時政府の農相。エスエルの左右分裂後は右翼エスエルの指導者。一九一八年の短命に終わった憲法制定議会の議長。その後、ソヴィエト政権と闘争。チェコ軍団の反乱を煽動。一九二〇年に亡命。

(4)「ソヴィエトから政府に入った四人のメンバー」……五月五日に成立した第一次連立政府にはソヴィエト指導部から、ケレンスキー(陸海軍)以外に、メンシェヴィキのツェレテリ(郵便)とスコベレフ(労働)、エスエルのチェルノフ(農業)、人民社会主義党(エヌエス)のペシェホーノフが入閣した。

(付録)
社会民主党合同全市協議会の決議(一九一七年五月七日)

I、臨時政府に対する関係について

労働者・兵士・農民代表ソヴィエトが革命の変転と深化を表現する全過程の自然な中心点であるかぎり、すべての資本主義勢力はソヴィエトの権威と意義をしだいに掘りくずし、人民革命の廃墟の上に、地主・金融資本・商工業資本の「強固な権力」を打ち立てることを自らの課題とするだろう。

この途上における必然的な一段階は、ブルジョアジーが臨時政府に労働者・兵士代表ソヴィエトの代表者を引き入れ、それによって革命組織の首を切り落とし、資本の軍事的・社会的諸政策に対する責任を人民の前で彼らに引き受けさせることである。

こうした状況のもとで、労働者・兵士代表ソヴィエトが臨時政府に自分たちの代表者を送り込むことに同意することは根本的に誤った措置である。そして、プロレタリア的・半プロレタリア的大衆と有産諸階級とのあいだの対立の自然な発展を押しとどめることなどできはしないのだから、このような措置は人民の意識に一時的な混乱を持ち込み、彼らの指導機関の権威を掘りくずすことになるだけである。

スコベレフ

したがって、革命の最左翼としての革命的社会民主主義の第一の義務は、このような措置を人民の前で根気強く批判し、臨時政府の内外政策を用心深く制御し、ブルジョアジーの隠蔽されたエゴイズムとそのあらゆる行動の不可避的な中途半端さを暴露し、権力を革命の指導的勢力の手中に移すのを準備することである。

全市協議会は、労働者・兵士・農民代表ソヴィエトが人民革命権力の唯一可能で唯一現実的な形態であるとみなし、それゆえ、自らに許されたあらゆる手段を用いて、ソヴィエトに思想的に働きかけ、ソヴィエトの内的構成を刷新し、労働者・兵士代表ソヴィエトの政策を根本的に転換することに向けて努力することを必要とみなす。すなわち、現在の執行委員会多数派によって遂行されている日和見主義的な祖国防衛主義政策から、権力獲得のための首尾一貫した断固たる闘争を遂行する政策への転換である。これは、無賠償・無併合の講和（あからさまな併合や賠償だけでなく、仮装されたそれらも含まない講和）をできるだけ短期間に締結するという目的を推進し、自由な民族自決の原理にもとづき、全資本主義世界における社会革命の発展をめざすものである。

Ⅱ、ツェレテリとスコベレフの問題

戦争中におけるフランス、ベルギー、イギリスの社会主義的入閣主義〔社会民主主義政党の挙国一致内閣への入閣〕という破滅的な経験をすでに有していたにもかかわらず、新しい臨時政府に市民ツェレテリとスコベレフが入ったこと、しかも、社会民主主義者という肩書きをもって、それどころか、かつてツィメルワルトの旗に属していた国際主義者という肩書きをもって入ったこと、このことを踏まえて全市協議会は、それがブルジョアジーに対する社会主義者の思想的変節と政治的屈服の――今日の時代においてさえ例外的な――見本であることにすべての社会民主主義者の注意を向けるものである。それゆえ、すべての党活動家の義務は、ツェレテリとスコベレフがブルジョア内閣の一員になったことで、自らを革命的社会民主主義の隊列の外部に置いたのだということを、プロレタリア大衆に説明することである。

『ノーヴァヤ・ジーズニ』第一八号
一九一七年五月九日

トロツキー

社会主義大臣の裏切り——ペトログラード・ソヴィエト会議での演説

（一九一七年五月一三日）

訳　西島栄

同志諸君、スコベレフは諸君にこう言明した。労働者階級は労働大臣〔スコベレフ〕を通じて自己の要求を国家に届けるだろうと。これまで私は、労働者階級は、自分たちの要求を自らの戦闘的階級組織を通じて国家に突きつけるのであり、労働省自身はブルジョア国家の機関であると思っていた。それとも、もしかして、スコベレフが大臣になって以降は、労働省は階級的なプロレタリア組織になったのか？

スコベレフは資本家のすべての利潤を徴収するつもりらしい。大いにけっこうだ。しかし、何といっても利潤は、資本主義的生産の唯一の推進力である。権力を資本主義的臨時政府の手中に残しておいて、いったいどうやって資本主義の推進力を根絶するというのか？　それを実現するためには、権力を労働者・兵士代表ソヴィエトの手中に移さなければならない。農業大臣のチェルノフはわれわれの前に、土地革命の大臣としてではなく、土地統計の大臣として登場した。彼は非組織的なやり方による土地収奪を災厄と呼んだ。

これは逆定理である。彼に直接的な定理を提出させせよ。そして、農民代表ソヴィエトに組織的な土地収奪を呼びかけよ。

ケレンスキーがソヴィエトを欠席していること、そして、ブルジョア新聞がケレンスキーの名前を使って大いに宣伝をしていることに注意を向けよう。これらの新聞はケレンスキーをロシア・ボナパルティズムのために利用しているのではないのか？　だがケレンスキー自身は何をしているのか？　彼は立派な演説を行なうが、それと同時に、総司令官のアレクセーエフ(1)が将校大会において、「無併合・無賠償」のスローガンなどユートピアだと宣言することで臨時政府を侮辱するのを許している。だがアレクセーエフ将軍は結局のところ、臨時政府の名において、スコベレフの名において、軍を指揮しているのだ。

『ノーヴァヤ・ジーズニ』第二三号
一九一七年五月一四日

訳注

(1) アレクセーエフ、ミハイル・ワシリエヴィッチ(1857-1918)……帝政ロシアの将軍。第一次世界大戦時、参謀総長。二月革命後、臨時政府のもとで最高総司令官。一九一七年六月にケレンスキーによって解任される。一九一八年に反革命義勇軍を創設し、ボリシェヴィキ政権と闘争。同年、病死。

トロツキー

クロンシュタットの擁護

――ペトログラード・ソヴィエト拡大会議での演説

（一九一七年五月二六日）

訳　西島栄

※一九二四年版編者注　この会議の速記録は保存されておらず、演説の記録は『ノーヴァヤ・ジーズニ』と『イズベスティア』にもとづいているが、それらの内容には異同がある。これらの新聞での演説の記録にはしばしば者の個性が反映していること、つまりあくまでも当事者ではなく第三者による描写であることを念頭に置いておく必要がある。

トロツキーは長大な演説を行なった。彼の演説は一方における野次と抗議によって、他方では嵐のような拍手喝采によってしばしば中断された。彼は以下のことを証明した。クロンシュタット・ソヴィエトの四つの決議（五月一六日、二一日、二四日、二五日に採択）は相互に矛盾しておらず、また臨時政府に敵対するものでもない(1)。それは臨時政府もペトログラード・ソヴィエトも権力を取っていないという、形成途上にある状況――トロツキーはこれを「二重の無権力」と特徴づけている――の当然の結果である。

さらにトロツキーは、ロシコフ(2)の論文を引き合いに出して、政府コミッサールによる反革命活動がロシア国内に存在することを指摘し、次のような疑問を発した。いったい全体、どうして社会主義大臣たちは、クロンシュタットを抑えつけることに時間を浪費するのか？ そんなことをする代わりに、地方権力を組織化することに注意を向けるべきであり、迫り来る反革命において革命の絞殺者としての役割を果たすであろう黒百人組的なコミッサールを一掃することに時間を費やすべきだろう。

地方権力が実にまずく組織されていることからして、クロンシュタット・ソヴィエトが臨時政府に対して不信を抱いたのはまったく必然的である。そして、臨時政府が鉄の帚《ほうき》でもって武装して黒百人組的汚物を一掃しないかぎり、このクロンシュタット事件のような衝突は不可避である。

トロツキーは、激情を煽ったり衝突を先鋭化させたりしないよう主張し、次のように提案した。事件が収束したことを説明し、地方において革命的権力をただちに組織する必要があることを指摘する決議を採択することである。

『ノーヴァヤ・ジーズニ』第三三号
一九一七年五月二七日

※　※　※

同志トロツキーは次のように指摘した。ツェレテリの観点を受け入れるなら、クロンシュタット・ソヴィエトの声明と、同組織に帰せられているものとのあいだに巨大な矛盾があることがわかる。臨時政府、執行委員会多数派、そしてそれを支持しているブルジョア新聞は、クロンシュタットはロシアから分離独立しようとしたと主張しているが、クロンシュタット側はそんなことはないと語っている。市民ツェレテリとスコベレフによる〔クロンシュタットへの〕視察後、ブルジョア新聞はこの視察の結果を、臨時政府が勝利し、クロンシュタットが自分の立場を譲ったのだと解釈した。だがクロンシュタット側は、自分たちは何も譲歩していない、臨時政府の勝利など存在しない、存在するのは協定に達したことだけだと声明した。この協定を『ゴーロス・プラウダ』は、クロンシュタット・ソヴィエトが臨時政府の非民主主義的原理に対して勝利を収めたことだと解釈している。協定が破られていないのは疑いない。

執行委員会ビューローの決議を受け入れることはできない。なぜなら、それはクロンシュタット側を脅すものだからである。この古い権力は、あらゆる運動は煽動者による煽動活動の産物であると解釈しているが、われわれはこう言う。運動は生活そのものから生まれていること、クロンシュタットの運動は、政府当局の黒百人組的代表者たちが大勢現地に残っていたことから生じたのであり、このことから〔連立〕内閣に対する不信が生じたのだと。

わが社会主義大臣たちは黒百人組の危険性と闘うのではなく、クロンシュタットの水兵と兵士に宣戦を布告している。だが反動が凱歌をあげたなら、黒百人組的コミッサールたちはわれわれのための首吊り縄を用意するだろうが、クロンシュタットの兵士たちはわれわれとともに死ぬだろう。二重権力について語られている。しかし、わが国に存在するのは二重の無権力である。なぜなら、臨時政府は強力な権力を持っておらず、諸君〔ソヴィエト多数派〕は権力を取る決断をしていないからである。

トロツキーは二つの決議を提案した。（1）クロンシュタット事件は、協定に達した結果として収束したこと、（2）地方権力の全面的な民主化のためにあらゆる措置をただちに取るよう執行委員会に義務づけること。

『イズベスティア』第七六号
一九一七年五月二七日

訳注

（1）『トロツキー著作集』の編集者によると、ここでの新聞の記述は不正確であるとのことである。

（2）ロシコフ、ニコライ・アレクサンドロヴィチ（1868～1927）……ロシアの歴史家、社会学者。一九〇五年にロシア社会民主党に入党し、ボリシェヴィキに属し、一九〇七年の第五回大会で中央委員に。一九一一年までにメンシェヴィキに移行。一九二四年以降は政治活動から身を引き、研究活動に専念。

トロツキー

『フペリョート』発刊の辞

（一九一七年六月二日）

訳　西島栄

本紙は革命的社会主義の機関紙になるだろう。つい最近まではこのような規定で十分だった。しかし現在、この言葉はその価値を落してしまっている。今では、その社会的本質からしてわれわれに非和解的に敵対している陣営に属する分子や層が、社会主義や革命の名をかたっている。黄色のごろつき新聞が無党派の社会主義新聞を自称している。銀行の新聞が、「現実主義的社会主義」という保護色で表面を糊塗し、安全のため銀行の建物の上に革命の赤旗を立てている。

社会主義のこのような熱病的成長と社会主義のこのようなでっち上げとは、ごく最近まで、すなわち戦争の最初の時期に、すべてのブルジョア世界が社会主義の完全な崩壊について云々していただけになおさら思いがけないことであった。そして実際のところ、戦争がもたらした巨大な激動の中で、国際社会主義は最も過酷な試練にさらされている。インターナショナルの最も強力な諸組織が資本主義国家という偶像の前にひれ伏し、ヨーロッパ諸国民がお互いに殺しあうことを「民族防衛」という徹頭徹尾偽りの旗のもとで祝福したのである。人類の最後の希望である社会主義が崩壊したことは、物質文明の滅亡と破壊以上に悲劇的なことであるように思われた。

しかし、社会主義は滅びていなかった。社会主義は、その民族的狭隘さ、その日和見主義的幻想という恐るべき内的危機を通過しつつあるにすぎない。最も血にまみれ最も不名誉な戦争という試練の中で、労働者大衆は民族イデオロギーの精神的隷属性を払拭し、資本

カール・リープクネヒト

主義国家に対する非和解的な憎悪の中で鍛えられた。最も重大な事件を前にして破産を遂げた第二インターナショナルの指導者たち、シャイデマン、ゲード[1]、ヴァンデルヴェルデ[2]、プレハーノフらに代わって、新しい時代の衝撃のもとで成長を遂げた新しい指導者たちが現われた。カール・リープクネヒト、フリッツ・アドラー[3]、マクリーン[4]、ヘーグルント[5]やその他多くの者たちがそうだ。彼らこそが、社会革命という暴風雨に向けて戦争という暴風雨の中で形成されるであろう新しい第三インターナショナルの予言者であり建設者である。

　社会主義の危機における最低点はすでにはるか後方に過ぎ去った。ロシア革命はヨーロッパの偉大な上げ潮の始まりである。ブルジョアジーは全力を尽くしてロシア革命を飼いならし、それを民族化しようとしている。まさにこの目的から、ブルジョアジー自身が、社会主義という保護色で自己を粉飾しはじめた。ブルジョアジーの代弁者とその政治的代理人たちは全力を

尽くして、「挙国一致」と「祖国防衛」の名のもとにプロレタリアートを去勢し、彼らから国際主義の精神を奪い去り、帝国主義戦争の規律に従わせようとした。このような政策をわれわれは、社会主義の利益に致命的に敵対的なものとみなす。革命的祖国防衛主義なるものは、わが国における社会愛国主義の民族的変種である。ナロードニキ的ないし「マルクス主義的」仮面のもとで、祖国防衛主義は、実際には、プロレタリアートの独立した政策の一貫した拒否、排外主義の毒素、観念的・道徳的卑屈さを人々の中に持ち込んでいる。

社会愛国主義の堕落的影響に対抗して革命的国際主義のために闘争することこそ、本紙の現在の最も重要な課題である。

本紙『フペリョート』の第一号は、国際主義的潮流がペトログラード・プロレタリアートの隊列の中で祖国防衛主義を明らかに凌駕しつつある時期に発行される。われわれは本紙がこの救済的過程を促進することを期待している。日刊紙に可能であるよりも深く問題を提起することによって、そして、革命的国際主義のすべての潮流を統一させるための断固たる闘争を通じてである。

友人である読者諸君！『フペリョート』は諸君の共感と諸君の支持をあてにしている。

編集部

『フペリョート』第一号

一九一七年六月二日

訳注

（1）ゲード、ジュール（1845-1922）……フランスの社会主義者。ラファルグとともに、フランスのマルクス主義派の代表。フランス社会党では議会主義のジョレス派と対立し、左派を形成。第一次大戦中は排外主義に転落。無任所大臣として政府に入閣して、対独戦争を遂行した。

（2）ヴァンデルヴェルデ、エミール（1866-1938）……

ベルギー労働党と第二インターナショナルの指導者。一九〇〇年に第二インターナショナルの議長。第一次大戦中は社会愛国主義者。戦時内閣に入閣した最初の社会主義者の一人であり、国務相、食糧相、陸相などを歴任。ベルサイユ条約の署名者の一人。

（3）アドラー、フリードリヒ（フリッツ）(1879-1960)……ヴィクトル・アドラーの息子。オーストリア社会民主党の左派指導者。第一次世界大戦の時はオーストリア社会民主党の主流派と対立して、反戦を唱え、マックス・アドラーらとともに「カール・マルクス協会」を結成し、無賠償・無併合の即時停戦を主張。一九一六年一〇月二一日、停戦実現のためシュテュルク首相を暗殺して逮捕される。一九一八年の敗戦にともなう特赦で釈放され、国会議員に。一九二一年に第二半インターナショナルの結成に参加するが、その後第二インターナショナルと合流。第二次世界大戦中はアメリカに亡命。

（4）マクリーン、ジョン(1879-1923)……イギリスの革命的社会主義者、スコットランドの教師。第一次大戦中は国際主義者であり、スコットランドで『前衛』を発行。一九一五年、反乱罪のかどで逮捕。一九一六年、「スコットランド住宅連盟」を指導、軍需工場で数万人のストライキを組織。反戦活動の罪で逮捕投獄。一九一八年、ソヴィエト・ロシアはマクリーンを領事に任命したが、イギリス政府は承認せず、再び彼を五年の刑に処した。ハンストの結果、釈放。コミンテルンの初期にこれに参加。

（5）ヘーグルント、ツェト(1844-1956)……スウェーデンの社会主義者左派の指導者、国会議員。第一次大戦中、革命的国際主義者、ツィンメルワルド左派。一九一六年三月、労働者反戦大会で演説したかどで投獄。一九二二年、共産党員になったが、二四年、日和見主義のためにコミンテルンから除名され、第二インターナショナルの一員となった。

トロツキー

われわれの中心的課題

（一九一七年六月二日）

訳　西島栄

数百年もの長きにわたってロシアの秩序は、強制労働、大衆の貧困と無知、支配者たちの恣意と略奪にもとづいて形成されてきた。資本は鋭い楔のように、貴族と農民たちの古い日常生活の中に食い込み、農奴制という鎖に自己の鎖をつけ加えた。一九〇五年革命は隷属の鎖を激しく揺さぶったが、それを破壊しはしなかった。反対にそれはますます深くロシア人民の体に食い込んでいった。戦争はあらゆる苦難を十倍化したが、その代わり、最も後進的な民衆に対してさえ、誰がどのように自分たちを支配しているかを明らかにした。第二革命が開始されると、それは一撃で、数々の犯罪と災厄によって覆われた帝室の徒党を一掃した。しかし、これによって革命はただ始まっただけであった。大衆のあらゆる貧困と苦難、あらゆる新旧の潰瘍は表面にいっきに姿を現わし、革命による断固たる介入を求めている。

ブルジョア有産階級はいやいやながら革命を養子にすることを余儀なくされた。グチコフやミリュコーフのような連中は、これまで常にさんざん嫌悪し罵ってきた人民蜂起の手から権力を受け取ることに寛大にも同意した。しかしそのブルジョア的エゴイズムのゆえに、彼らは、革命のすべての課題が自分たちに国家権力を譲り渡すことであると心底信じている。彼らにとってこの権力は何よりも戦争を勝利まで遂行するために必要なのである。これは彼らの階級的利益からして必要である。ツァーリがいようといまいと、明白な形であれ隠蔽された形であれ、資本家たちは新しい領土の獲得と市場の拡大を追求しないわけにはいかない。昨日まで彼らはロマノフとシチュルメル[1]に対して、コンスタンチノープル、ボスポラス海峡、アルメニア、ガリツィアの領有を自分たちに保障するよう要求していた。今日彼らは、人民の革命に対して、まさにロマノフ体制を破産に追いやった帝国主義的課題※を実現するよう求めている。革命を帝国主義の利益のために動員すること、これが現在におけるロシア・ブルジョアジーの課題なのであり、彼らはイギリスとフランスの資本によってこの道へと駆り立てられている。

※一九二四年版編者注　帝国主義……資本家たちが国外市場や植民地を追求すること。この政策の最も強力な武器が帝国主義である。

その一方で人民の革命はまったく正反対の源泉から成長してきた。労働者大衆の飢えと苦境から、支配階級の血ぬられた仕事に対する怒りから、さらには階級的隷属の万力から脱出したいというその根本的な願望からである。このことから、ブルジョアジーと革命勢力とのあいだの衝突の不可避性が生じる。

ブルジョアジーが権力を手中にしたのは、彼らが革命の先頭に立ったからではなく、破局の瞬間において彼らが議会、戦時工業委員会、地方のゼムストヴォといった諸組織でもって武装しており、空位となった権力に手を伸ばすことのできる位置にいたからである。旧政府を転覆した労働者大衆は、最初の勝利後にようやく自分自身の革命的代表機関である労働者・兵士代表ソヴィエト、そして後には農民代表ソヴィエトを作り出した。この組織の意義は、それが現実に革命の推進勢力に立脚していること、すなわちプロレタリアートと兵士・農民大衆に立脚していることである。まさにそれゆえペトログラード・ソヴィエトは、その指導者たち(チヘイゼ、ツェレテリ、ケレンスキー、チェルノフ、スコベレフ)の極端に優柔不断で回避的で日和見主義的な政治姿勢にもかかわらず、不可避的にブルジョアジーの臨時政府と衝突せざるをえなかったのである。このことから生まれたのがいわゆる二重権力である。だが、ブルジョアジーの指導者たちとソヴィエトの指導者たちはこの二重権力からの活路を、資本家と社会主義者との連立政府の設立に見出した。

新しい政府は「強力な」政府にならなければならず、「強固な権力」を行使しなければならない。すべてのブルジョアジーはこのように期待し希望している。「ついにアナーキー(無政府状態)を終わらせなければならない」と。

すべての公式の政府系新聞は「アナーキー」に対する十字軍遠征を宣言し、連立内閣を正当化する論拠をこの遠征の必要性から引き出している。

政府系新聞は、住民をおびえさせるアナーキーという名前のもとに、さまざまなものをいっしょくたにしている。刑事犯罪の個々の現われ、経済生活や行政の全般的崩壊――ツァーリズムの負の遺産であるとともに戦争の結果でもある――、そして下からの革命のさらなる発展などである。すなわち地主の土地に対する農民の襲撃、資本に対する労働者の攻勢、そして、官僚組織や政府機関の――またしても下からの――自主的な民主主義化である。

自由主義ブルジョアジーは、革命的大衆が、土地や民族的・階級的諸権利を組織的に「奪取」することによって革命をこれ以上深化させることを望んでいない。労働者・兵士代表ソヴィエトは、大衆の革命運動をこれ以上指導することを拒否しなければならず、第二の非公式の権力の役割を果たすのを拒否しなければならない。完全な権力が臨時政府の手中に集中されなければならない。臨時政府は革命の権威を利用して、軍全体を何とか立て直し、臨時政府を英仏帝国主義に結びつけている軍事的課題を完遂することを欲している。革命を無理やり帝国主義に奉仕させようとするミリュコーフやグチコフらの試みは、そのやり口があまりにもあからさまであったがゆえに、たちどころに崩壊した。革命期においては、反動的無作法さは遠慮することを余儀なくされる。有産階級はミリュコーフとグチコフを辞任させたが、それは、革命的民主主義派に「満足」（階級的満足ではなく個人的なそれ）を与えるためであった。彼らは、自分たちの政府の構成員にソヴィエト執行委員会の若干のメンバー（祖国防衛派に属している連中）を招き入れ、彼らといっしょに政綱を作成した。それはロシア人民に「自由、平等、友愛」や、無併合・無賠償の講和を約束しつつ、それと引き換えに、単一権力としての臨時政府に従うよう求め、同盟諸国との共同戦線を維持しオーストリアおよびドイツに対する攻勢を実行するよう求めた。

チェルノフ

もしこの計画が成功するならば、このことは、ロシア革命の発展に終止符が打たれること、（革命によって）目覚めた人民のすべてのエネルギーが帝国主義の水車に直接注がれることを意味するだろう。

まさにこの目的のために、チェルノフ、スコベレフ、ツェレテリらに大臣の椅子が差し出されたのである。これらの大臣たちを出した党（メンシェヴィキとエスエル）はこうして政権党となり、イギリス帝国主義、パリの証券取引所、アメリカのトラストの同盟者となった。これらの党の機関紙は公式の政府系新聞になった。そして、「革命的」大臣たちが勤労大衆の境遇を改善することに指一本動かさないでいるあいだに、ケレンスキーは、資本主義的軍国主義に従わない者たちに鞭と懲罰でもって脅しをかけている。

「無駄だ！」、革命は、政府内の火消し屋や本来のブルジョア政治家たちにも、社会主義者出身の無責任で半ば無自覚的なその幇助者たちにも、そう言うだろう。

連立内閣は革命のさらなる発展を抑えこむ力などもっていない。革命と正面衝突することになれば、内閣自身がこなごなに砕け散るだろう。できるだけ速やかに戦争を停止することなしには、また私的所有権を深く侵害することなしには、食糧供給の崩壊を立て直すことができないだけでなく、まともに緩和することさえできないだろう。しかし、そのどちら（戦争の停止と私的所有権の侵害）も、資本主義ブルジョアジーによって指導された政府には不可能である。土地問題はわが国においては、農民多数派による少数の地主に対する革命的攻撃の問題として立てられている。ところが、ブルジョアジーと地主の政府は、この運動を停止させるために農業大臣にチェルノフを任命し、労働者の「強欲を抑える」ためにスコベレフを労働大臣に任命した。このような条件のもとでは連立臨時政府の崩壊は、革命のさらなる発展がそうであるのと同じく不可避的である。

はっきりと理解しなければならないのは以下のことだ。革命は新しいなおいっそう先鋭な政府危機へとまっすぐ突き進んでいる。ブルジョア的実務家と社会主義的人質とによって構成された今日の内閣は、昨日の剥きだしの帝国主義の内閣と同様、不面目のうちに舞台から去っていくだろう。遅かれ早かれ、労働者・兵士代表ソヴィエトの前には、権力奪取の問題が全面的に提起されるだろう。

食糧供給の崩壊、「アナーキー」、土地問題、戦争の清算――これらの問題はすべて今や革命の指導者としてのプロレタリアートにとって一つの中心的課題に還元される。権力の獲得がそれだ。

権力を革命的大衆の機関に移行させることの不可避性と必要性を労働者大衆に説明すること、この方向に沿って労働者・兵士・農民代表ソヴィエトの構成と政策に働きかけること、これこそが現在、われわれの新聞（『フペリョート』）の中心的課題なのだ。

『フペリョート』第一号
一九一七年六月二日

訳注

（1）シチュルメル、ボリス・ウラジミロヴィチ（1848-1917）……帝政ロシアの政治家、官僚。戦時中、内相および外相、内閣議長などを歴任。

トロツキー

二重の無権力

（一九一七年六月二日）

訳　西島栄

戦争という状況は革命の内的力の作用を偏らせ曖昧にする。しかし、それでもやはり革命の進路はまさにこの内的力によって、すなわち諸階級によって決定されるだろう。

戦争はまず最初、一九一二年以降に急速に盛り上がっていた革命を中断させたが、その後――憤激した軍隊の英雄的介入のおかげで――かつてないほど急速な攻勢的テンポを革命に与えた。旧体制の抵抗力は戦争の進行によって完全に掘りくずされた。君主制と人民との媒介項としての役割を果たしえたはずの〔ブルジョア〕諸政党は、下からの爆発が勝利を収めたせいで、たちまち深淵の上を漂うはめに陥り、最後の瞬間になって革命の岸辺へと命がけの飛躍をすることを余儀なくされた。このことが革命に一時的にせよ完全なる挙国一致の外観を与えることになった。ブルジョア自由主義はその全歴史において初めて、自分たちが大衆と「結合」しているという実感を得ることができた。だがこのことはただちに、この「全国民的な」革命的高揚を戦争に利用するという発想を彼らに吹き込まないではおかなかった。戦争の条件も参加国も目的も同じままだった。グチコフとミリュコーフ、すなわち政治的舞台における旧体制の最も明白な帝国主義的代弁者である彼らが、革命ロシアの運命の支配者となった。こうして、ツァーリズムの時代と本質的に同じ戦争――同じ敵、同じ同盟国、同じ国際的義務――が「革命のための戦争」に転化したのである。資本家階級にとっては、課題は革命を――それによって目覚めた勢力と情熱とを――帝国主義の利益のために動員することであった。ミリュコーフ一派は寛大にも「赤いぼろ切れ」を聖なる紋章と呼ぶことに同意した。そうすれば、労働者大衆がこの「赤いぼろ切れ」のもとで有頂点になってコンスタンチノープルとボスポラス海峡のために死ぬ気になるだろうと思ったからだ。

しかし、ミリュコーフの帝国主義的蹄《ひづめ》はあまりも剥き出しの形で目だっていた。目覚めつつあった大衆を制御して彼らの革命的エネルギーを対外戦線での攻勢へと振り向けるためには、もっと複雑なやり方が必要だった。何よりも、より不名誉ではない綱領を持つ他の党と、より汚点の少ない評判を持った他の人々とが必要だった。

それは見つかった。反革命の数年間ととりわけ最近の産業好況の時期に、資本は一九〇五年における何千名もの革命家を経済的に自己に従属させ、精神的に飼いならした。そのさい資本は、屈服した連中のナロードニキ的・マルクス主義的「偏見」についてはいささかも気にしなかった。したがって、「社会主義」インテリゲンツィアを構成する者たちの中には、とっくに階級闘争の抑制に手を貸したり労働者大衆の愛国主義的規律化に手を染めていた政治的活動家のカードルがたっぷりと含まれていたのである。反革命期において、このようなインテリゲンツィアと手に手をとって登場したのが労働者の解党派であった。彼らは一九〇五年革命の崩壊によってすっかり萎縮し、自己自身のうちにたった一つの能力を発展させた。状況に全面的に適応するという能力である。

ツァーリズムに対するブルジョア階級の反対派は――帝国主義の基盤に基づきつつ――、すでに革命以前から社会主義的日和見主義者と有産階級とのより密接な接近のための条件をつくり出していた。ケレンスキーとチヘイゼはドゥーマにおいて自己の政策を〔カデットを中心とする〕進歩派ブロックの政策に一致させ、グヴォズデフ[1]や〔メンシェヴィキの〕ボグダーノフ[2]といった連中は戦時工業委員会の中でグチコフに接近した。しかし、ツァーリズムが存在していた間は、「国権的」・愛国主義的立場に公然と移ることは困難だった。革命はこの面でのあらゆる障害を取り除いた。今ではブルジョア政党への屈服は「民主主義派の統一」という名称を帯びることができ、ブルジョア国家の規律はたちまちにして「革命的規律」に転化し、さらには、帝国主義戦争への参加は外敵からの革命の防衛と呼ばれるようになった。

かつてストルーヴェ[3]がその『道標《ヴェーヒ》』[4]で予見し呼びかけ育成したこれらの「国権的」インテリゲンツィアは、思いがけないことに、軍隊の中に強制的に組織された最も後進的な人民大衆の無力さのうちに広範な支えを見出した。

戦争中に革命が勃発したからこそ、農民分子や小市民的・小ブルジョア的分子は革命の最初の瞬間からすでに〔軍隊のうちに〕自動的に組織された勢力として登場し、これらの分散的で後進的な諸階級にとって戦時でない時にはけっして行使しえないような影響力を労働者・兵士代表ソヴィエトの構成メンバーに対して行使することができたのである。革命の第一期においてメンシェヴィキ的・ナロードニキ的インテリゲンツィアは、これらの地方の、田舎の、そしてその大多数が目覚め始めたばかりの大衆のうちにごく自然な支えを見出した。小ブルジョア層を資本主義的自由主義――彼らはまたしても、人民大衆を自立的に自己に従える上での完全な無能力を示した――との協調の道へと駆り立てることによって、メンシェヴィキ的・ナロードニキ的インテリゲンツィアは、これらの大衆の圧力のおかげで、純プロレタリア的大衆のうちにも一定の基盤を獲得することができた。プロレタリア大衆は、軍隊の数の多さのせいで一時的に後景に退いた。

革命の第一期においては、あたかもいっさいの階級的対立が姿を消し、あらゆる社会的裂け目がナロードニキ的・メンシェヴィキ的イデオロギーの断片によって埋められ、最後に、ケレンスキー、チヘイゼ、ダンの創造的努力によって挙国一致が実現されたかのように見えた。それゆえ、独立したプロレタリア政治が復活するのが見られはじめたときに、思いがけないほど大きな驚愕が生じた。そして、革命的社会主義者たちに対して、万物の調和を破壊するものであるとして、憎悪と嫌悪に満ちた実に醜悪な攻撃がなされたのである。

※　※　※

小ブルジョア・インテリゲンツィアは、彼らにとって予想外だったことに、労働者・兵士代表ソヴィエトの結成によってとてつもない高みに立つことになり、その責任の重さにすっかり怯えた。それゆえ彼らは、実に教訓的なことに、六月三日派国会《ドゥーマ》の中枢から輩出された資本家と地主の政府に権力を譲り渡したのである。国家権力という至聖物を前にしてのプチブルの本能的恐怖は、ナロードニキにあってはきわめてあからさまに現われているのだが、メンシェヴィキ祖国防衛派にあっては、「ブルジョア革命においては社会主義者は権力の重荷を引き受けてはならない」という教義上の理屈でもって隠蔽されている。

このようにして形成されたのが「二重権力」である。だがそれはむしろ二重の無権力と呼んだ方がより正確だろう。資本主義ブルジョアジーは、秩序および「勝利するまで戦争を」という名のもとに権力を手中にしたが、代表ソヴィエトなしでは支配することができなかった。ソヴィエトは政府に対してかなりの半信頼を寄せると同時に、革命的プロレタリアートが全メカニズムを不用意な行動で覆してしまうのではないかと恐れた。

ミリュコーフの厚顔無恥で挑発的な対外政策は危機を引き起こした〔四月事件〕。だが、権力の問題を前にしてのソヴィエトの小ブルジョア指導者たちのパニックぶりを十分に見定めたブルジョア諸政党は、このことにもとづいて直接的なゆすりの政策に従事することにした。政府のボイコットでもって脅すことによって、すなわち、権力への参加をやめると脅すことによって、ブルジョア諸政党はソヴィエトから若干名の社会主義者を人質として差し出すよう要求した。連立内閣への彼らの参加は、全体としての大衆の信頼を政府に向け、それによって「二重権力」を解消することを目的としていた。

最後通牒を突きつけられて、メンシェヴィキ祖国防衛派は、ブルジョア政府に参加することに反対するマルクス主義的偏見の最後の一片をさっさと投げ捨て、この同じ道へとソヴィエトのナロードニキ「指導者」〔エスエル〕——彼らはそもそも何らかの原理的偏見を負わされていなかった——をも引き込んだ。このことが最もはっきりしているのはチェルノフである。彼は「ツィンメルワルト＝キンタール」[5]——そこではヴァンデルヴェルデ、ゲード、サンバが社会主義から破門された——に参加しておきながら、その後結局、リヴォフ公[6]とシンガリョーフ[7]の内閣に入ったのである。たしかに、メンシェヴィキ祖国防衛派は、ロシアの入閣主義がフランスやベルギーの入閣主義と何の共通性もないこと、今回のは〔入閣主義を非難した〕アムステルダム決議[8]でも予見されていたようなまったく例外的な状況の産物であると説明した。しかし、この点で彼らは、ベルギーとフランスの入閣主義者たちの論拠を繰り返しているにすぎない。後者の連中もまったく同じく「例外的状況」を持ち出していた。その飽き飽きするような芝居がかったジェスチャーの下に多少の現実感覚を持ち合わせているケレンスキーは、まったく正しくもロシアの入閣主義を西欧の入閣主義と同列に置いており、ヘルシングフォルス〔ヘルシンキ〕での演説の中で公然とこう述べている。ロシアの社会主義者は、自分（ケレンスキー）という見本のおかげで、西欧の社会主義者がその実行に一〇年も要したのと同じ道をわずか二ヵ月で進むことができた、と。マルクスが革命を歴史の機関車と呼んだのも当然である！。

ケレンスキー

※　※　※

連立政府は、それが形成される以前にすでに歴史によってその運命を定められていた。もしこの政府がツァーリズムの転覆後ただちに形成されていたなら、それは「国民の革命的統一」の表現として、おそらく、革命勢力の内的闘争を一定期間は押しとどめることがそれなりにできたろう。しかし、第一次臨時政府はグチコフとミリュコーフの政府であった。この政府が存在することになったのはあたかも、「挙国一致」のあらゆる嘘を暴露するためであり、また、革命をすぐさま帝国主義的目的に簒奪しようとするブルジョアジーの目論見に対してプロレタリアートの革命的反撃を目覚めさせるためであったかのようであった。間に合わせでつくられた連立政府は、こうした条件のもとでは、自己に運命づけられた災難、すなわち、自分自身が「革命的民主主義派」の隊列における分岐と分裂の中心点になるという災難を克服することはできない。その政治的存在――その「活動」についてはもはや言うまでもない――は、多弁で覆い隠された長引く死の苦悶でしかなかった。

経済的崩壊、とりわけ食糧供給の崩壊と闘うために、労働者・兵士代表ソヴィエト執行委員会の経済部局は、重要な経済諸部門における国家指導の広範なシステムを構築する計画を策定した。経済部局のメンバーたちは、政治的方向性に関してではないにせよ、国の経済状況をまじめに認識することに関しては、ソヴィエトの公式指導部よりはすぐれていた。まさにそれゆえ、彼らはすぐれて革命的な性格を持った実践的結論〔重要経済部門への広範な国家介入〕に至った。だが彼らの構想には欠けているものがあった。それは革命政策を遂行するための伝導ベルトである。多数派が資本家である現在の資本主義政府は、有産階級の貪欲な利益に真っ向から反するようなシステムを実現することができない。このことを労働大臣のスコベレフが――すでに人口に膾炙している彼の言い回しを使えば――「一〇〇％」理解していないのに対し[9]、商工業分野における真面目で実務的な代表者たるコノヴァーロフ[10]はこのことをすばらしくよく理解していた。

彼の辞任〔商工相からの〕は臨時政府に回復不可能なダメージを与えた。このことをすべてのブルジョア新聞は誤解の余地なくはっきりと理解した。こうして、現在のソヴィエト指導部のパニック的心理をめぐるゲームが再開された。ブルジョアジーはソヴィエト指導部に権力を譲り渡すと脅した。それに答えて「指導者」たちは何も特別なことは起きていないという振りをした。資本の有力な代表者が辞任した――では、ブルイシキン氏[11]を招きいれよう…。しかし、ブルイシキンも、私的所有に対する外科的実験に参加することをこれ見よがしに拒否した。そこで、「無党派の」商工業大臣探しが始まった。すなわち、そのバックには誰も何も立っておらず、労使間の紛争において投書箱のような役割を果たしうるような人物を探す作業が始まったのである。

その間にも経済的崩壊は着実に進行しており、政府の活動は以前と同様、主として紙幣を印刷することに発揮されている。

リヴォフ氏とシンガリョーフ氏を目上の同僚に持つことになったチェルノフは、土地問題の分野では、たとえ口先だけでも急進主義的政策を展開する可能性を失ってしまった。これは、小ブルジョアジーのこの最も典型的な活動家に総じて非常に特徴的なことであった。自分にあてがわれた役割を意識していたチェルノフは、上流社会に対して自らを土地革命の大臣としてではなく、土地…調査の大臣として紹介した。社会主義大臣にも受け入れられたブルジョア自由主義的構想にしたがって、革命は下部においては受動的に憲法制定議会を待ち望んで足踏みすることになった。そして、社会革命党《エスエル》が地主と工場主の政府に入閣して以降、地主の所有地に対する農民の攻撃はアナーキーと呼ばれるようになった。

国際政治の領域では、連立政府によって宣言された「講和綱領」の破産は、予想されていたよりも急速かつより破局的な形でやってきた。フランスの首相リボー氏は、断固として、かつ無条件にロシアの講和定式〔無賠償・無併合の講和〕を拒否し、戦争を「完全な勝利」まで継続する必要性について厳粛に確認しただけでなく、フランスの祖国防衛派の社会主義者がストックホルム会議⑫に参加するためのパスポートを発行することも拒否した。この会議は、リボー氏の同盟者であり同僚でもあるロシアの社会主義大臣たちも協力して組織されたというのにである。その植民地獲得政策が「聖なるエゴイズム」の破廉恥さの点で常に際立っていたイタリア政府は、「無併合の講和」の定式に答えてアルバニアを単独で併合した。アメリカ合衆国のウィルソン大統領はロシアの外交覚書に対して、この人物にふさわしい偽善的な調子の冗長な書簡を送って反論した。その趣旨は以下のようなものであった。彼、ウィルソンの無私無欲の参戦のおかげでドイツに勝利した後では、同盟諸国〔協商国〕によってなされる併合は併合と言えるものではなく、平和と正義を保障するものだと。臨時政府、したがってまた社会主義大臣たちもまた、二週間も同盟諸国の回答の発表を差し控えた。明らかに、このような姑息な手段でもって、自らの政策の死の苦悶を長引かせようとしたのだ。要するに、ロシアの国際的状況に関する問題、すなわちロシアの兵士はいったい何のために闘い死んでいくのかという問題は現在、外務大臣の職がミリュコーフの手中にあった時期よりもずっと先鋭なものになっている。

現在、全国民の人材と資源の最良の部分をがぶがぶ飲み込んでいる陸海軍省では、ジェスチャーと空文句の政策が無制限に君臨している。しかし軍の悲惨な現状の物質的・心理的原因はあまりに深刻であり、大臣〔ケレンスキー〕の空文句によっては根絶することのできないものである。アレクセーエフ将軍をブルシーロフ将軍(13)に交替させたことは、この二人の将軍の境遇を変えたが、軍の境遇を変えることはなかった。陸海軍省は、攻勢のスローガンによって国の世論と軍を動揺させ、ついで突然、このスローガンを放棄して、今度は攻勢の準備というやや明確さに劣るスローガンを打ち出したが、テレシチェンコ氏(14)の省庁〔外務省〕が国を講和に接近させることができないのと同じく、国を勝利に接近させることはできない。

臨時政府の無力さを示すこの構図を仕上げるのは、内務省の活動である。政府に最も忠実な農民代表ソヴィエトの決議文の中でさえ言われているように、内務省は地方行政機関の中枢に地主の紳士諸君を「かたよって」補充した。地方住民の中の活動的層は、憲法制定議会を待つことなく、力づくで地方自治を実現しようとしたが、この努力はただちにダンの国家的・警察的言語においてアナーキーという名称をちょうだいし、政府の側からの予想以上に激しい反撃を引き起こした。政府は、創造的性格を持った精力的措置に陥らない保険として、その地方機関の構成員を選別しておいたのだ。

先日、この、全方面で破綻している政策は、クロンシュタット事件のうちにその最も嫌悪すべき表現を見出した。革命的国際主義のシンボルであり連立政府に対する不信のシンボルであるクロンシュタット、そして下層人民の独立した政治の旗印であるクロンシュタット、このクロンシュタットに対してブルジョア新聞は卑劣でまったく毒々しい攻撃カンパニアを展開した。政府とソヴィエト指導部はそれに追随しただけでなく、ツェレテリとスコベレフは、クロンシュタットの水兵・兵士・労働者に対する厚顔無恥な迫害の直接的な主唱者となったのである。

革命的国際主義が系統的に工場でも先進的連隊でも祖国防衛派を駆逐しつつある一方で、社会主義大臣たちは、その新しい主人に服従しつつ、一撃でもって革命的プロレタリア前衛を粉砕する一か八かの試みを行なおうとしており、それによって、全露ソヴィエト大会のための「心理的」要素を準備しようとしている。英仏米の証券取引所の同盟者にして捕虜であるブルジョア自由主義を中心にして農民・小ブルジョア民主主義派を結合し、プロレタリアートを政治的に孤立させ「規律づける」こと――これこそが現在、メンシェヴィキとエスエルの政府ブロックがそのすべての力を費やして実行しなければならない基本的課題である。この政策の一構成部分をなしているのが、血の弾圧のあからさまな脅しであり、公然たる衝突の挑発である。そしてこれらの人々は五月中ずっとあのように凶暴に事を急いでいたのだが、それはあたかも、「六月事件[15]」に向けて準備する確固たる決意をしているかのごとくであった。

連立内閣の死の苦悶はその誕生の日から始まった。革命的社会主義派は、この苦悶が内戦という激しい痙攣で終わるような事態に至らないよう自ら全力を尽くさなければならない。そのための唯一の道は妥協でも問題回避でもない。それはただ、新たに官職に就いた国家たちの貪欲を煽るだけである。そうではなく、必要なのは全方面にわたる攻勢的姿勢である。必要なのは、彼らが自らを孤立させることではなく、われわれが彼らを孤立させることである。必要なのは、連立政府のみじめで哀れな経験にもとづいて、その反人民的同盟――それは現在「革命」の名において行なわれている――の真の意味を、最も遅れた労働者大衆に対して暴露することである。食糧問題、工業問題、土地問題、戦争問題、これらすべての問題において、有産階級およびそのメンシェヴィキ的・エスエル的尻尾の方法に対してプロレタリア的方法を対置しなければならない。このような道を通じて初めて自由主義派を孤立させることができるのであり、革命的プロレタリアートによる都市および農村の下層に対する指導的影響力を獲得することができるのである。

　現政府の不可避的な破産は同時に、現在の労働者・兵士代表ソヴィエトの指導者たちの破産でもあるだろう。革命の代表機関としてのソヴィエトの権威を救い出し、ソヴィエトに今後とも指導的役割を保障することは、もっぱらソヴィエトにおける現在の少数派たるわれわれの双肩にかかっている。このことは今後日々刻々と明らかになっていくだろう。政府が権力を行使することができずソヴィエトにはそうする勇気がないという現在の二重の無権力の時期は不可避的に、前代未聞の先鋭さをもった危機によって終わりを告げるだろう。われわれのなすべきことはこの瞬間に向けて自らの力を蓄え、その上で権力の問題を全面的に提起することである。

『フペリョート』第一号
一九一七年六月二日

訳注

(1) グヴォズデフ、クジマ・アントノヴィチ (1882-?)……労働者出身で右派のメンシェヴィキ。第一次世界大戦中は社会愛国主義派。グチコフを議長とする戦時工業委員会に積極的に参加し、その「労働者グループ」

の指導者に。二月革命後、ペトログラード・ソヴィエト執行委員、臨時政府の労働次官に就任。

（2）ボグダーノフ、ボリス・オシポヴィチ（1884-1960）……メンシェヴィキ。二月革命後にペトログラード・ソヴェト執行委員会メンバー。ボリシェヴィキのボグダーノフとは別人なので注意。

（3）ストルーヴェ、ピョートル・ベルンガルドヴィチ（1870-1944）……ロシアの経済学者、政治家。最初、合法マルクス主義者として活躍し、ロシア社会民主党の創立大会の宣言を起草。その後転向し、ブルジョア議会政党であるカデットの指導者に。十月革命後、ウランゲル政府のメンバーに。その後亡命。

（4）『道標《ヴェーヒ》』……一九〇九年にモスクワで出版されたカデットの論文集。ベルジャーエフ、ブルガーコフ、ストルーヴェなどの自由主義ブルジョアジーの文筆家たちの論文集。彼らは、一九〇五年の革命に関して、ツァーリ政府が「その銃剣と牢獄によって」ブルジョアジーを「人民の狂暴から」救ったとして、ツァーリ政府に感謝した。この論文集は、専制に奉仕するようにインテリゲンツィアに呼びかけた。

（5）サンバ、マルセーユ（1862-1922）……フランス社会党の改良派の指導者。第一次大戦中は排外主義者。一九一四～一七年に公共事業相としてブルジョア政府に入閣。

（6）リヴォフ、ゲオルグ・エフゲニエヴィチ（1861-1925）……ロシアのブルジョア政治家、カデット、公爵。全ロシア・ゼムストヴォ同盟議長。二月革命後、七月まで臨時政府の首相。七月事件で首相の座を追われる。十月革命後、パリに亡命。

（7）シンガリョーフ、アンドレイ・イワノヴィチ（1869-1918）……ロシアのブルジョア政治家、カデット。第二、第三、第四国会の議員。一九一七年二月革命後、最初の臨時政府で農業大臣、第一次連立政府ではテレシチェンコに代わって大蔵大臣。十月革命直後に逮捕され、一九一八年に水兵によって殺される。

（8）アムステルダム決議……一九〇四年八月に開催され

た第二インターナショナル・アムステルダム大会で採択されたフランス党の統一に関する決議のことで、この中でジョレス派の入閣主義が非難された。

(9) スコベレフは労働大臣になってから、資本家の利潤に「一〇〇%」の税金をかけると豪語した。

(10) コノヴァーロフ、アレクサンドル(1875-1948)……ロシアの大資本家、織維王。第四国会の進歩派ブロックの一員。最初の臨時政府、第一次連立政府の商工大臣。十月革命後に逮捕され、後に亡命。

(11) ブルイシキン、パーヴェル・アファナシエヴィチ(1887-1955)……モスクワの大工場主で、商工業界の政治的指導者。

(12) ストックホルム会議……デンマークの社会民主主義者ボルグビエルグがペトログラードにやってきて、デンマーク、ノールウェー、スウェーデンの労働者党の全国委員会の名で、ロシアの社会主義諸党を、戦争終結の問題を協議するためにストックホルムに召集されるこの会議に招待した。メンシェヴィキとエスエルはこの提案を受け入れたが、ボリシェヴィキの四月協議会はそれへの反対を表明した。

(13) ブルシーロフ、アレクセイ(1853-1926)……帝政ロシアの軍人。二月革命後の六月、アレクセーエフに代わって最高総司令官に任命。六月攻勢の失敗で失脚。十月革命後はボリシェヴィキに協力し、一九二〇年に赤軍に参加。

(14) テレシチェンコ、ミハイル・イワノヴィチ(1886-1956)……ロシアのキエフの大地主、大資本家、政治家。二月革命後の最初の臨時政府の蔵相。第一次連立政府でミリュコーフに代わって外相に。第二次、第三次連立政府でも外相。十月革命後、ボリシェヴィキ政府に敵対。一九一八年に亡命。イギリスに移住し、ロンドンで死去。

(15) 六月事件……一八四八年のフランス革命の際、当時のブルジョア政府(ルイ・ブランなどの社会主義者も入閣していた)は国営工場を閉鎖して労働者の蜂起を挑発して、労働者を徹底的に弾圧した。

（第一回全露ソヴィエト大会）

トロツキー

帝国主義戦争かヨーロッパ革命か

――全露ソヴィエト大会への社会民主党代議員合同会議における演説

（一九一七年六月一日）

訳　西島　栄

トロツキーはまず何よりも、〔現在の〕戦争がいかなる階級的性格を持っているのか、ロシア〔二月〕革命後にその性格を変えたのかという問題を提起した。演説者は言う。

――われわれは戦争を恐れているのではない。われわれが戦争に反対しているのは、それが帝国主義戦争であり、依然としてそうであるからだ。ロシアのブルジョアジーが国際証券取引所や国際資本と結びついているかぎり、戦争は世界支配のためのブルジョア階級の闘争であり続ける。こうした条件のもとで軍隊の戦闘能力を強化することは、新生ロシアにおける帝国主義諸階級のための機構をつくり出すことを意味する。

世界のどの地域でも、その国家形態が何であれ、現在の戦争の基本的目的は変わらない。わが国のブルジョアジーは無力である。すなわち、一方では、軍隊を自らに従属させるための物質的弾圧の機構をいまだわがものとしておらず――現在ケレンスキーがそれに着手しているが――、他方では、大衆をだますために西欧ブルジョアジーが巧みに使いこなしている偽りの美辞麗句の技法をまだ完成させてもいない。ここでダンやツェレテリやスコベレフから聴かされているような演説は、より雄弁な形ですでに開戦時にフランスで耳にした。ロシア・ブルジョアジーは、民主主義的わめき声によって大衆をだますことに関しては経験を積んでいない。いったいどうしてわれわれが、ロシア・ブルジョアジーには荷が重すぎるこのような課題を自らに引き受けなければならないのか？　このような条件のもとで戦闘能力のある軍隊を建設することは、革命に対抗することを意味する。ケレンスキーはこの目的に向かって突き進んでおり、革命的連隊を解散させ、クロンシュタット兵士を迫害し、ペトログラードの革命的連隊に対する不可避的な攻撃を促進している…。

われわれの誰も単独講和を支持してなどいない。しかし、単独講和の危険性が存在するとすれば、それを醸成しているのは臨時政府の戦術である。秘密条約が公表されず、同盟諸国はわが国に対して毎回その横っ面をひっぱたくことで答えており、軍隊は何のために自らの血を流しているのかという問題に対する回答を知らされていない。ロシアの兵士たちが、カラターエフ流[1]に「聖なる家畜」として死ぬような幸福な時代はとうに過ぎ去った。こうした条件のもとでは軍隊は四散しないわけにはいかない。このような物質的崩壊と士気の崩壊がケレンスキーの詩的空文句によって取り除かれうると考えるのは、実に奇妙であろう。

彼らは、ヨーロッパ革命に対する希望はユートピアだとわれわれに言う。しかし、ブルジョア＝地主の政府のもとで戦闘能力のある軍隊を構築する可能性のほうが、ヨーロッパ革命が勃発するよりも二〇万倍も空想的である。彼らはこう言う、「攻撃されたらどうするのだ?」。われわれは答える。「もしヨーロッパで革命が起こらなければ、ロシアの自由は結局のところ、わが国の同盟諸国と敵対諸国との連合した勢力によって破壊されるだろう。事件の進行がわれわれに強いるあらゆる社会的実験は、すべてのヨーロッパ資本にとって脅威となる。これらの勢力が、国際的暴力という手段によってロシア革命を清算しようとしないわけがあろうか? ヨーロッパ革命の可能性を信じない者は、わが国のすべての自由が破滅の運命にあるということを予想しなければならない」。

ヘンダーソン

トロツキーは、労働者・兵士代表ソヴィエトによって招集される〔ストックホルム〕会議に対して懐疑的な姿勢を示した。いま問題になっているのは――と彼は言う――、「社会主義者の」外交官たちを招集することである。イギリス、ドイツでは、革命の勃発が始まりつつあり、ソヴィエトは、自分たちと闘っている「社会主義者」たちとの交渉に着手しつつある。わが国のゲスト――イギリスの社会主義大臣ヘンダーソン[2]――は三つの監獄に革命家を詰め込んだ。シャイデマンは監獄にリープクネヒトを閉じ込めている。われわれはいったいストックホルムで誰と会議をするのか? シャイデマンとか、それともリープクネヒトとか? ヘンダーソンとか、それともマクリーンとか? ソヴィエトはこれらの「社会主義者」にこう言わなければならない。君たちは真っ先にわれわれの友人たちを解放しなければならない。その後で初めてわれわれは諸君と交渉するだろう。われわれは死刑執行人と会議をすることはできない。われわれは、彼らの犠牲者とともにあらねばならない。もし問題をこのように率直に提起するならば、われわれの言葉は反響を見出すだろう。

『ノーヴァヤ・ジーズニ』第三八号
一九一七年六月二日

訳注

(1) カラターエフ……トルストイの『戦争と平和』に登場する人物で、トロツキーはトルストイを論じた評論の中で、以下の部分を引用している。「カラターエフの生活は、彼自身の見るところでは、個人の生活としては何も意味を持っていなかった。それが意味を持つのは、彼が絶えず感じていた全体の中の一部分としてだけであった」(トロツキー『ニーチェからスターリンまで――トロツキー人物論集』光文社古典新訳文庫、二〇一〇年、一二〇頁)。

(2) ヘンダーソン、アーサー(1863-1935)……イギリスの労働党政治家、第一次世界大戦中、社会排外主義者となり、連立内閣に入閣。一九一七年、二月革命直後にロシアを訪問。同年八月、ストックホルムで社会主義会議を召集し、講和交渉の糸口をひらくことに賛成し、「完全な勝利」を望むイギリス・ブルジョアジーの怒りを買って辞職せざるをえなくなった。

トロツキー

決着に向けて――第一回全露ソヴィエト大会によせて

（一九一七年六月七日）

訳　西島　栄

労働者・兵士代表ソヴィエト全ロシア大会（以下、全露ソヴィエト大会と略記）はその開幕初日にその性格を明らかにした。小ブルジョア層と後進的な労働者層は同大会において、カデット的および半カデット的タイプの諸分子によって代表された。革命的プロレタリアートはボリシェヴィキと統一国際主義派（トロツキーを中心とするメジライオンツィ・グループ）によって代表された。最も広範な層がいやおうなく組織されている軍隊は、初めて政治生活に目覚めたばかりであり、これらのプチブル的・カデット的政治家たち――これらの政治家自身にとって思いもよらないことに――を支える支柱となった。しかし、この支柱の中の平民的・人民的層は、知識人的・半知識人的プチブルたち――一時的な「指導者」――に対して何ダースもの社会主義的表現を用いることを余儀なくさせ、今ではすっかり安っぽくなっているメンシェヴィキや社会革命党（エスエル）という名前を受け入れることを余儀なくさせた。これらの代議員が大会では圧倒的多数であった。彼らはみな都市プチブルや農民大衆の無力さを反映しており、これらの大衆は、革命が彼ら自身の内部に政治的組織化の要素を持ち込むよりも前に自分たちの声を挙げることを余儀なくされた。

農民大衆および都市プチブル大衆は革命的経験を欠いている。土地の問題、統治の組織化、食糧問題において、これらの大衆の指導者たちは事実上、カデットの国政家たちの尻尾《しっぽ》になるだろうし、メンシェヴィキとエスエル出身の卑小な国政家たちは、心の奥底ではこのカデット政治家に対して最大級の敬意を抱いている。

プロレタリアートの社会民主主義的前衛は現在、この小ブルジョア民主主義政府に対して非妥協的勢力として対立している。プチブルの指導的政治家――ツェレテリ、ダン、チヘイゼら――は、孤立の亡霊でもってプロレタリアートを脅している。「一九〇五年の時のようになるぞ」と。これらの人々が理解していないのは、現在ほど、つまり一九一七年六月におけるほど、ロシアのプロレタリアートが孤立していたことなど一度もないということである。この孤立は、ダン、ツェレテリ、チヘイゼらのきわめて積極的な共謀のもとで引き起こされている。社会主義大臣とその顧問および助手たちのあらゆる政治活動は現在、主として革命的社会主義の党に対抗して小ブルジョア民主主義派を立て直すことに向けられている。その際、行動に出るための手段は、全面的にカデットの武器庫から借りてきたものである。つまりこういう論理だ。左右の危険性に対して同時に闘争しなければならないが、ツェレテリの言葉によれば右からの危険性は現在「脅威ではない」ので、それよりもむしろ、「革命の統一性」を掘りくずしている左からの危険性に対して闘争しなければならない、と。プチブルの指導者たちは、農民と都市プチブルを地主と大資本の党に従属させつつも、力がまだ不足しているゆえに、プロレタリアートの階級闘争を片づけて彼らを「挙国一致」のレールに引き込む上では無力である。まさにここに彼らにとっての「左からの危険性」がある。農民と都市プチブル民主主義派の面前で大ブルジョアジーの社会的貪欲さと政治的反動性とを暴露するのではなく、また人民大衆に先進的プロレタリアートとの革命的統一への道を指し示すのでもなく、プチブル指導者たちは、上から解体と混乱を持ち込んでおいてプロレタリアートの階級闘争をアナーキーだとして迫害し、このアナーキーに対する恐怖を、小ブルジョアジーと大ブルジョアジーとのより密接な結束のための心理的セメントとして利用している。

繰り返そう。一九〇五年において、労働者階級が現在ほど政治的に孤立していたことなど一瞬たりともなかった。一九〇五年一二月、先進的プロレタリアートは、都市と農村の大衆の重い予備軍が立ち上がるのを待つ前に戦闘に突入することを余儀なくされた。しかし、これらの目覚めはじめた下層の代表者たちがプロレタリアートに凶悪な敵意を向けて来ることは、まったくなかった。だが現在起きているのはまさにこれである。そして、全露ソヴィエト大会の有力な指導者たちが現在立っている道――非プロレタリア大衆とブルジョアジーとをますます結束させ、階級闘争という罪を犯しているプロレタリアートを孤立化させる道――に沿って政治的発展がますます進行すると予想することにもし根拠があるとすれば、このことは、革命の頂点がすでに過ぎ去ってしまっており、われわれは系統的に反革命の時代へと進んでいくしかないということになるだろう。そしてその反革命時代の公式の開始は、上から組織される内戦という実験であるに相違ない。

しかし、幸いなことに、そのような根拠は存在しない。農民大衆および一般に人民大衆が今後も、全露ソヴィエト大会の圧倒的多数の代議員を特徴づけているような徹頭徹尾保守的な見解に沿って動いていくと判断するのは、最大級の誤りである。〔客観的〕状況のほうが〔主観的〕見解よりも強力だ。たとえこの見解が頑強なプチブル的偏狭さにもとづいていたとしてもだ。第四国会《ドゥーマ》は自己の意志に反して自分たちのメンバーから臨時政府を選出することを余儀なくされた。全ロシア大会ないしそこから選出されたソヴィエトは——そのあらゆる偏見に反して——再び革命権力の問題を提起し、それを根本的な形で解決しなおすことを余儀なくされるだろう。

いずれにせよ、政府はソヴィエトをこの道に押しやるために、その連立勢力になしうるあらゆることを行なった。

この一文を書いている時点では、社会主義大臣たちはまだ、政府の政策の一般的方向性についても、その各省庁の活動の問題についても、大会の前で報告していない。しかしながら、これらの分野において、社会主義大臣たちは大会の場にいかなる愉快なニュースも持ってこないであろう。そのことに疑いはない。連立内閣が成立して以来ずっと、ますます先鋭化している経済的・財政的・外交的・軍事的危機からの活路を、たとえ間接的な形であれ指し示すような措置は何ひとつ取られなかったし、それに向けた行動も何ひとつなされなかった。「われわれは崖っぷちに近づきつつある！」。このような運命論的な定式によって、大臣たちはいつも国の全般的状況を特徴づけている。だがこのような状況は彼らの参加なしには形成されなかったのだ。

しかし、それにもかかわらず、思いがけないニュースが大会の開催に合わせて用意されていた。R・グリム(1)がロシアの国境外に放逐されたというニュースである。ロシアの入閣主義の「歴史的」役割を性格づける上で、これ以上に象徴的で…スキャンダルなものを思いつくことは困難だろう。われわれはここでこの問題の細部に入りこむつもりはない。しかし、それでもやはりその最も目立つ特徴について一言しないわけにはいかないだろう。

スイスの参事官ホフマンがグリムへの情報提供のために送ったという電報についてどのように判断すべきなのか、われわれにはわからない。グリムとその政府〔スイス政府〕とのあいだに存在するプチブル的・俗物的関係からして、ツィンメルワルト派にとってかくも不名誉な〔政府との〕親密な関係が存在する可能性は排除されないだろう。しかし、たとえグリムがこの電報の直接的ないし間接的な理由を示したとしても、彼が「ドイツ政府のスパイ」として行動しただとか、彼が思想的・政治的な動機以外の何らかの動機で動いていたということは、まったく問題になりえない。実際、この点に関しては、ツェレテリもスコベレフもあえて疑問を呈してはおらず、そもそも両名は、ドイツの帝国主義者たちと非常に親密な関係にあるデンマークのスタウニング(2)と兄弟的な挨拶をかわしあっているのだ。それにしても、ツェレテリとスコベレフはツィンメルワルト派の陣営から公然と寝返ったくせに、どうやら、ツィンメルワルト派のグリムに関しては自己の政府に対して不従順であるべきだとみなしているようだ。ツェレテリとスコベレフは現在、同盟諸国の外交のあらゆる実績に対する責任を負っている。そこで彼らはグリムをロシアの国境外に放逐したというわけだ。

その下劣さは別にしても、この措置の神経質なまでの愚かさは驚くべきものである。自分の足もとにしかるべき基盤が存在せず、自尊心がまったく欠如していて、目上のブルジョア的同僚たちにいつもどう思われているか心配でたまらない――これらの相互に結びついた感情こそが、「革命の大臣」ツェレテリをしてグリムへの専横的弾圧を決意させたのである。

いずれにせよ、社会主義大臣たちはまったくの手ぶらで大会に臨んだわけではなかった。たしかに、彼らはまだ、彼ら自身の認識でも国を破滅に導きつつある諸悪を克服するための本格的な措置を何ひとつ取っていない。しかし、その代わり、彼らは「強固な権力」を示してみせた。最初はクロンシュタットに対して、次にはロベルト・グリムを陥れることによって、である。

そして彼らは承認を手に入れた。全露ソヴィエト大会の小ブルジョア的多数派は、「十分に強固ではない」

ツィンメルワルト派に行政的弾圧を加える権利を自分たちの大臣に熱烈な調子で委ねた。社会主義的入閣主義と革命的民主主義の俗物たちには、まさにこのような——そしておそらく最後ではない——屈辱を経ることを運命づけられている。

グリムを放逐してから、全露ソヴィエト大会は通常の議事日程に移った。しかし、資本家の利潤は以前と同様、スコベレフとその同僚たちにとって不可侵なものである。食糧危機は刻々と悪化している。外交部門では政府は打撃につぐ打撃をこうむっている。最後に、きわめてヒステリックに喧伝されている「攻勢」が準備されているが、それはおそらくただちに、途方もなく無謀な冒険として人民の上に降りかかってくるだろう。

われわれは辛抱強くかまえ、リヴォフ＝テレシチェンコ＝ツェレテリの内閣の啓蒙的活動が数ヶ月間のうちにどうなるかを落ちついて観察するだろう。われわれに必要なのは時間——われわれの準備にとっての時間だ。しかし、地下のモグラはあまりに急速に成長している。そして、「社会主義」大臣の協力のもとで、権力の問題は、われわれが想定しているよりもずっと早く、この大会の参加者たちの上に降りかかってくるだろう。

『フペリョート』第二号
一九一七年六月七日

訳注

（1）グリム、ロベルト（1881～1956）……スイス社会民主党の指導者の一人。ツィンメルワルト会議とキンタール会議の議長。中央派的立場をとり、その後、第二半インターナショナルに参加。

（2）スタウニング、トルヴァルト（1873-1942）……デンマーク社会民主党の改良主義指導者。第一次世界大戦中は社会愛国主義者で、挙国一致内閣に入閣。一九二四年の総選挙で勝利し首相に。

トロツキー

臨時政府について——第1回全露ソヴィエト大会における第一の演説
（一九一七年六月五日）

訳　西島　栄

同志諸君、われわれはみな食糧大臣(1)の演説を巨大な関心を持って聞いたことだろう。それは——ここでなされた他の演説についてはそう言うことはできないが——、われわれの多くにとって多少とも教えられる点があった。この演説は、なされた組織的活動について明らかにするものではなかったが（それは部分的には、新しい大臣が自らの任務の遂行に最近従事し始めたばかりだということから説明される）、少なくともそれは、現時点で最も重要であるとされている分野での活動計画を提示しており、それこそまさに他の大臣たちの演説に欠けているものであった。

ここで革命について、フランス大革命について語られ、この点に関して意見交換がなされ、古いマルクス主義的・ナロードニキ的論争が再び引っ張り出された。だが、同志諸君、何と言ってもわれわれはここで革命的民主主義の議会の前に立っており、その前で大臣たちは、すでになされたこと、なそうと思っていることに関して報告しているのだ。そして、問題が権力にかかわるものであるのだから、各々の演説者の課題、とりわけ大臣のように重大な責任を負った者たちの課題は、次のことを語ることでなければならないはずである。つまり、私は自分の担当する分野でこれこれのことをしており、これは十分なものであって、したがって既存の権力組織は満足のいくものであるとか、あるいは反対に、同志諸君、私の活動計画はかくかくしかじかのものであるが、それは権力組織の側の抵抗にあい、したがってこの権力組織をいかに改善し刷新するべきかという問題を決定しなければならない、云々と。食糧大臣はまさにこのように問題にアプローチした。まさにそれゆえ私は個人的にも、彼の言うことに注意深く耳を傾けただけでなく、私が会議に臨むにあたって持っていた結論の正しさを確信したのである。なぜなら、思想的反対者からであっても、その人物が真面目に自分自身の課題を遂行している場合には、常に多くのことが学べるからだ。

食糧大臣がわれわれに語ったことは、問題を実際に抽象論の高みから、ロシア経済という十分に消耗した地上へと引き下ろすものであった。われわれに必要なのは食糧供給を組織することであり、必要なのは、生産を拡大し制御することであると。食糧供給を組織することは、その分配を組織することを意味する。この途上における障害となっているのは、輸送の困難さである。この障害は克服されなければならないし、国家的手段によってのみ克服することができる。輸送の困難についてソヴィエト執行委員会の経済担当部は多くを語った。蒸気機関車の不足と欠陥、現在の工業では新しい蒸気機関車を建設したり古い蒸気機関を修理したりすることができないことである。同志諸君、とくにこうした説明の模範となっているのは、私がここで注意するよう推奨した食糧大臣である。

生産の組織化を妨げるものは何か

ペトログラードのすばらしく設備の整った大工場の管理者の一人[2]は、現在ペトログラードで、一九二〇年の完成に向けて潜水艦のためのディーゼル機関が製作されているところであると語った。技術者であり組織者であり管理者である彼がよく知っているある程度の数の工場をもってすれば、さして深刻な技術的困難もなしに、ひと月あたり一五台の蒸気機関車を製作することができるだろう。このように彼は断言した。私はその数字が正しいと請けあうわけではないが、とりあえずそれを信頼するとしよう。しかし、彼は真面目な技術者であり組織者であって、その彼がしかるべき数の工場の名前を実際に挙げたのだ。では、どうしてそれがなされていないのか？ それは、国家と他の諸工場とのあいだで、あるいは、諸工場と他の諸企業とのあいだで結ばれた契約を侵害しなければならないからである。これは私的利益、私的利潤、国家権力を侵害するものであり、現在の体制のもとではこの手段を取る決断がすることができない。われわれはまだ手段を見出していないと言われている。たしかに、問題になりうるのはどのような手段を今なお取りうるのかだ、同志諸君。だが、現在形成されている政府には、その労働大臣に社会主義者が入り、商工業大臣には商工業ブルジョアジー出身の非常に真面目な政治家コノヴァーロフが入っているではないか。明らかに、この二人の〔社会主義とブルジョアジーの〕代表者が協力するという手段を通じれば、何よりもまず工業生産に組織性と計画性とを導入できると想定されていたはずである。だがコノヴァーロフは何をしたか？ コノヴァーロフは辞任した。この辞任に際して、商工業ブルジョアジーの最も著名な機関紙によって歓迎と共感が公然と表明された。同志諸君、彼が辞任したのは彼の有害な個人的性格のせいであったと言うのは笑止千万である。

　私が思うに、そしてこれは広く流布している意見でもあると思うが、コノヴァーロフはロシアの商工業資本の最も進歩的で真面目な代表者の一人である。彼は辞任することによって、生産の組織化という課題を、すなわち自ら設定し、現在では全面的な形でわれわれの前にそびえ立っている課題をサボタージュしたのである。私は尋ねたい、同志諸君、ではこの先、どこに出口があるのかと。これは具体的な課題であり、わが国の臨時政府全体の中心問題である。これは、わが国の工業の運命の問題であるが、ここでは、あたかもボリシェヴィキないし国際主義者のあれこれの言いがかりであるかのように扱われている。

連立内閣を形成するという経験がなされた。誰がそこに入るのか、ペレヴェルゼフ(3)なのか、社会主義者なのか、それとも真面目な自由主義者なのか、それはわれわれにとってまったくどうでもよい。しかし、組織全体の中心は連立の精神にのっとって構築された。すなわち、労働大臣は社会主義者であり、商工業大臣は資本の有力な代表者である。そして、問題が先に述べたように提起された時、コノヴァーロフは辞任したのだ。そして、私の誤りでなければ、それから三週間も彼の代わりを探しているが、見つかっていない。見つかっていないのだ、同志諸君…。(拍手)

これはいったい何を意味するのか、同志諸君。もし原理そのものが正しかったのなら、すなわち、資本の有力な代表者の参加する連立政府という原理が正しかったのなら、自らに問わなければならない、この破産、この崩壊は何によって説明されるのか、と。何しろ、現在わが国に政府が存在せず、政府が危機状態に陥っているのは、商工業界の最も有力な代表者が商工業資本の支持のもとで政府から辞任したからなのだ。

疲弊戦術

これが意味するのは、権力がパニック的危機の状態に陥っているということである。今ではモスクワ証券取引委員会の長であるトレチヤコフ(4)をモスクワから招聘することが取り沙汰されている。すなわち、コノヴァーロフが十分な権利を持って代弁していた商工業界そのものに対して責任を負っている人物をである。問題が人物を入れ替えることに還元されている。われわれは次のように予言することができるし、予言しなければならないのではないか？　このような試みは、権力の危機を解決しようとしたこれまでのすべての試みが帰着したのと同じことに帰着するだろうと。すなわち、トレチヤコフが権力を創造的かつ革命的な形で再組織化しようとする試みを妨害することに成功するか、それとも辞任することになるか、である。だがどうして彼は辞任するのか、同志諸君？　そしてどうして彼は工業をサボタージュするのか？　危機を深刻化させるためであり、革命分子が経済を解体させているということを示すためであり、こうして、革命とプロレタリアートを疲弊《イズモール》させるためである。これが彼らの戦術なのだ。

私的会合でのクリンスキーの発言を読んでみたまえ。彼はこう言っている。

諸君が恐れているのは何か、それはわが国にあまりにも多くの紙幣が存在することだ！　だがしばらく待ちたまえ。飢饉が始まり、貨幣が不足するのを。本格的な飢饉が始まり、誰もが強固な権力について叫び始めるのを。そしてその時こそ、われわれの番だ。

驚くことはない。ここでクリンスキーが言葉にしていることは、真面目な資本家や地主たちが心の中で思っていることである。彼らはみな、革命的プロレタリアートと農村の下層が疲弊しきるのを待っており、その時が自分たちの番だと思っている。言っておくが、トレチヤコフはこのプログラムを実行するためだけにやってくる。彼が社会主義の側に転向するのでないかぎりだ。だがもし彼が自分自身の階級に不十分にしか忠実でないことがわかったなら、この階級は彼に背を向けるだろう。彼がスコベレフやその他の社会主義大臣に接近するようになったらそうなるだろう。

こうしてわれわれは、この問題を解決することがいつまでたってもできないという状況に置かれている。なぜなら、問題は技術的な計画に帰するのではなく、たとえ完全な計画ではなくとも断固たる行動に出ることにかかっており、このような断固たる行動のためには、〔二重権力ではなく〕単一権力が必要だからである。いっさいの核心はまさにここにある。なぜなら、もし諸君が商工業家たちと密接に協力しあって行動することを欲するのなら——その場合には政府の中に五人の社会主義者と一〇人のブルジョアがいるのか、反対に一〇人の社会主義者と五人のブルジョアがいるのかはどうでもよい——、つまり諸君がブルジョアジーとの合意のもとで行動しなければならないと考えているのなら、そのとき諸君はブルジョアジーの前に屈服することになるし、経済問題における諸君のあらゆる戦術は、革命を疲弊させることに帰着することになるだろう。

アナーキーを生み出しているのは誰か

地主的土地所有者と大資本の代表者たちは、民主主義の諸政党と革命勢力に対して系統的なゆすりと恐喝に従事している。そして、同志諸君、われわれがこのような問題に直面している時に、同志ブラムソン(5)が登壇して次のように語る。「大臣や政府には罪はない。理解してもらいたい、政府は、あらゆる障害、すなわち左派分子、アナーキスト、国際主義者、ボリシェヴィキ、等々といった刺だらけの垣根のあいだを通りぬけなければならないのだ」。

同志諸君、はたしてこれは真面目な問題設定だろうか？　はたしてこのような発言に真面目さの片鱗でもあるだろうか？　諸君は次のように問題を立てている。曰く、ロシアに存在している権力は自分たちの権力であり、労働者・兵士代表ソヴィエトの多数派は自分たちの多数派であり、軍隊は自分たちを支持し、民主主義派は自分たちを支持しているが、煽動家や騒動屋やアナーキストが現われて、ソヴィエト全体と軍隊と民主主義に立脚しているこの国家権力による創造的努力を麻痺させているのだ、と。

私に言わせれば、同志諸君、人民の多数派に立脚した革命権力の創造的努力をあれこれの騒動屋が麻痺させることができるなどというのは、真っ赤な嘘である。一例を上げよう。ペトログラードの労働者代表ソヴィエトにおいて、ツェレテリ大臣の党〔メンシェヴィキ〕に属する弁士の一人が次のような質問をツェレテリに行なった。

「大臣はご存知か。貴君の政府の中の、郵便電信省のある部局の中に黒百人組の巣窟が存在していて、その黒百人組の役人たちが農村に出向いて、ツァーリ時代の方がよかったのではないかと農民にきいて回っていることを?」、この質問者はさらにこう問う――「大臣はこのような黒百人組の巣窟を破壊する意図はおありか?」。

ツェレテリは彼に何と答えたか? 彼はこう言った――「いや、私は弾圧措置を取ることを望んでいない。私が望んでいるのは、黒百人組の煽動家が農村に現われて、ツァーリ時代の方がよかったのではないかと尋ねたときに、いや嘘だ、ツァーリ時代の方が悪かったとの答えがなされるような状況をつくり出すことだ……」(拍手)。

けっこう、大いにけっこう。私もそのような回答に拍手を送る。そこで私は諸君に、同じ原理を黒百人組の煽動家に対してだけでなく、左翼の煽動家にも適用するよう求めたい。というのも、諸君は黒百人組よりも左翼の煽動家に対してよりひどい態度を取っているからだ……(拍手)。同志諸君、私が求めているのは、非常にささやかな最小限綱領である。

この綱領はこうだ。たとえば、クロンシュタットに派遣された臨時政府のコミッサールが、そこにおいて、クロンシュタット水兵たちに、「この政府コミッサールはわれわれが選んだコミッサールよりもいいじゃないか」と言わせるような行動を取るということである。

だがもしそうでないなら、この点で彼らを説得しなければならない。というのもまさに、同志諸君、臨時政府は現在、各地方に自分たちの構成メンバーからコミッサールを派遣しているが、大臣たちに最も忠実な、大いに忠実で好意的な農民代表ソヴィエトでさえ、これらのコミッサールのことを、一方的に地主たちから選ばれたと指摘しているからだ。それゆえ、同志諸君、各地方の労働者・兵士・農民代表ソヴィエトとコミッサールとのあいだにいわゆる誤解が起きているのだ。

これは、同志諸君、次のような実に不幸な政治の結果である。すなわち、社会的諸利害が特別にはっきりと暴露され、あらゆる階級的情熱が先鋭化し、人民大衆が古い農奴制的抑圧から解放されて自分自身の利益と要求とを突きつける、そういう革命期において、上方にあっては、真っ二つに分裂した権力が存在している。それはソヴィエトと臨時政府とが存在しているからではなく、臨時政府が強固な権力として建設されているのではなく、常設会議のようなものに、地主の代表と農民とのあいだの、資本の代表と労働者の代表とのあいだの常設の紛争調停所のようなものになっているからである。革命期において調停所が統治することなど不可能である。そして、政府の多数派〔ブルジョア・地主〕の方がはるかに確固とした心棒を持っているのだから——というのも、彼らは何十年、何百年と統治し権力を行使する経験を積んできた諸階級を代表しているから——、わが大臣たちは最重要問題では事実上、彼らに屈服することになり、あらゆる仕事は完全な停滞へと至り、右からそれは破壊されている。そしてわれわれは絶え間ない混乱状態から抜け出せないでいるのだ。

一二人のペシェホーノフの政府を

同志諸君、私はわが食糧大臣に完全に同意する。私は彼と同じ党に属しているわけではないが、もし誰かが、内閣は一二人のペシェホーノフによって構成されるべきだと言うなら、これは巨大な前進だと私は言うだろう…（拍手）。

私は言おう。辞任したコノヴァーロフに代わって、第二のペシェホーノフを、彼のような真面目な働き手を探したまえ（拍手）。そして、ペシェホーノフの邪魔立てをする者たちをみな内閣から追い出し、仕事の可能性をつくり出したまえ…（「そうだ！」の声と拍手）。

ペシェホーノフ

これは本格的な一歩前進になるだろう。見ての通り、同志諸君、私はこの問題において、何らかの分派的、党派的な見地にもとづいているのではなく、現時点における経済の組織化という課題に対するより広範な見地にもとづいている。私は、食糧大臣ペシェホーノフが人民大衆を規律づける必要性について語るとき、私は彼に完全に同意する。その通りだ。

労働者大衆が目にしているのは何か？　彼らが目にしているのは、第一に国家の完全な解体状態であり、第二に資本の代表者たちによるとどまるところのない略奪である。同志諸君、こうした状況のもとにあって、どの労働者も次のように自分に言う心理的権利があると私は言いたい。いっさいが崩壊しつつある中で、資本家は略奪しつづけているのに、どうして黙っていることができよう、俺たちも最大限の要求を出して、取れるものを取ろう、と。これは状況の不可避的結果である。

しかし、もし国のトップに、各々の労働者が、少なくとも誠実で堕落していない労働者が自分自身の権力だとみなすような権力が成立するなら、その日、その時に彼らはこう言うだろう。この権力はわれわれをだまさないし、奪い取りもしない、と。ペシェホーノフはわれわれを裏切らないだろう、と労働者、農民、兵士は言うだろう。そして、ペシェホーノフが、政府の統計家としてではなく、半大臣としてでもなく——というのも現在彼は半大臣だからだが——、完全な権利を持った大臣として、労働者階級に、わが国にはこれこれの石炭があり、これこれの銑鉄があり、それにもとづいて、これこれの工場が操業することができ、国家の金庫にはこれこれの資金があり、銀行にはこれこれの貨幣があり、諸君はこれこれの賃金を受け取り、これこれの量の生産物をつくるのだと言うなら、その時には、各々の自覚的労働者は政府に対して、いわばストライキ参加者が自分の組合の執行部に対して感じるのと同じように感じるだろう。彼は手当ての増額を要求するが、組合は言う。これがわれわれの金庫だ、これがわれわれの帳簿だ。見てくれ、これ以上出すことはできないんだ。だが、トップに立つのがシンガリョーフ、テレシチェンコ、リヴォフ、コノヴァーロフのような連中であるかぎり、つまりカデットかおそらくはそれより右の連中であるかぎり、労働者階級は言うだろう。これは資本家の傀儡だ、われわれは信用しない、われわれは獲得できる最大限のものを手に入れよう、と。これはまったく自然な心理である。

誰の、誰に対する権力か

私は他のあらゆる問題に関しても同じことを言わなければならない。二週間後ないし一ヵ月後には、すべての問題が諸君の前に今日よりもはるかに先鋭なものとして現われるし、そこから脱出するには今日よりもはるかに英雄的な行為が必要になるだろう。同志諸君、一つの例だけを挙げておこう。現在の政府、すなわちまったく責任能力のない紛争調停所のような政府のもとで、ロシア軍の動員解除がなされるとしよう。戦争に参加し土地を熱烈に求めているロシアの兵士たちが、なだれを打って農村をめざし、大地主の土地所有の清算という問題が基本的に解決されていない事態に直面するとき、そして、鉄道機構の混乱とぶつかってロシアの兵士たちが自分の農村にまでたどり着くことができないとき、食糧を受け取ることができずに飢えに陥るとき、どれほど重大な紛糾、どれほど深刻な衝突が起こるか、想像してみたまえ。諸君は規律が必要だと言う。その通りだ。規律が必要だ。だが、誰の、誰に対する規律なのか？

同志ダンは、あたかもエスエルの国際主義者の代表者が強固な革命権力の必要性を否定したかのように発言したが、これは事実ではない。われわれの誰も強固な革命権力の必要性を否定していない。問題は、誰の誰に対する権力なのかだ。労働者民主主義に対するリヴォフ公ないしその背後にいる連中の権力なのか、それとも、労働者民主主義の、その各部分とすべての人民に対する権力なのか？　問題はこのように立てられているのだ、同志諸君。動員解除の時期にわれわれに必要なのは、最高度に強固な権力である。現在、兵士たちは軍隊から脱走したり、鉄道駅で乱暴狼藉を起こしたり、穀物倉庫を襲ったりしているとき、彼らは自分たちを、ある程度まで、自分の上にそびえ立っている権力に対する暴動参加者、ストライキ参加者であると感じている。

もし彼らの上に立っている権力が労働者代表ソヴィエトから生み出された強固な権力であるなら、法を破る者たちは、ストライキ参加者ではなくストライキ破りの心理の持ち主であろう。まさに、労働者、農民、兵士よ、これこそが諸君自身の権力であるという世論を醸成しつくり出さなければならない。だが現在、権力はリヴォフやコノヴァーロフといった連中、明日にはトレチヤコフの手中にある。それゆえ、どんな演説をもってしても、どんな檄文をもってしても、それらがどれほど雄弁であろうと、諸君は何も達成することはできないだろう。なぜなら、ロシアの労働者とムジークにとって、これらの階級は何百年ものあいだ隷属と汚辱を意味しており、このことが彼らの脳裏にしっかりと刻み込まれているからである。諸君は、すべての社会主義大臣の力をもってしても、何も達成することはないだろう。なぜなら、労働者階級は問題のどれ一つにおいてもこの政府を自分たちの政府とみなしていないからだ。

それゆえ、ロシア革命の明日という日を準備しているいわゆる「左翼煽動家」たちは、諸君の政策——私はそれを誤っているとみなしているが——にもかかわらず、労働者・兵士代表ソヴィエトの権威を全面的に支持しているのであり、それは正しい振る舞いである。なぜなら、彼らはこう語っているからだ。現在のソヴィエトの政策は間違っている、だが、すべての権力は完全にソヴィエトに移行させなければならない、この方向に沿ってソヴィエトに働きかけよう、そしてこの労働者・兵士代表ソヴィエト以外の革命組織は存在しないことを理解しよう、と。同志諸君、中途半端な政策、紛争調停所の政策は無力であることが明らかになっている。それゆえ、それはソヴィエトの権威をも不人気と敵意という奈落に引きずりこむおそれがあるのだ。あえて言わせてもらうが、われわれの活動は諸君の権威を掘りくずしているのではなく、明日という日を準備する不可欠の構成部分なのである。

すべての権力をソヴィエトへ

ここで、一部の小党派や徒党による権力獲得について語る者がいる。これは正しくない。私が参加したあらゆる会合、あらゆる集会において、私はよく問われる。今すぐソヴィエトから出ていくべきなのか、ソヴィエトに従わず、それと闘うべきなのか、政府と決裂するべきなのか、と。私はこう答える。いいや、われわれは政府に満足していないし、ソヴィエトにも満足していないが、われわれはまだ権力を取ることはできない。労働者代表ソヴィエト自身が、その内部の意識変革を通じて、この危機的瞬間において、ツァーリズムのあらゆる残滓を一掃し最初の自由主義政府による軍事的破産の深化に対処するために、自ら責任を引き受ける義務があるのだという認識に達するまでは、無理だと。

労働者・農民・兵士代表ソヴィエトだけが、ひどく飢えてすでに絶望しはじめている大衆の意識の中に、真に創造的で革命的な規律の要素を持ちこむことができるのであり、それだけが、同志諸君、私的所有の利益に配慮することなく、われわれの最も差し迫った課題を解決することができるのである。

多くの大臣たちは、憲法制定議会がいっさいを解決するだろうと主張しているが、その彼らが実行している政策は、同志諸君、偽りの政策であり、本質的に自由主義の政策である。たしかに憲法制定議会は多くのことを解決するだろうが、それは準備されなければならないし、その実現のための条件がつくり出されなければならない。しかし、現在の崩壊状況、責任能力のある権力への不信が日増しに増大しているこの状況は、憲法制定議会を招集する可能性そのものを掘りくずすだろう。そして、第四国会の黒いカラスたちはそれほど無邪気な人々ではなく、自らの階級的立場にしっかりと立っている。内閣の中にいる彼らの傀儡たちはペシェホーノフの創造的努力を妨害し、ロシア革命を、食糧の調達事業、土地事業、工業活動、外交活動ともども疲弊《イズモール》させつつある。あらゆる分野において、疲弊政策、消耗政策が実行されており、権力の権威が掘りくずされ、それへの不信が増大している。それは右から遂行されており、用心深く自らのタヴリーダ宮殿〔国会の所在地〕にとどまっている連中は、クリンスキーの表現によれば、大衆が絶望して次のように言うのを待っている。旧ツァーリの復活を望む、オクチャブリストの強固な権力を望む、と。その時、ロジャンコが登場するだろう。このロジャンコにはまだロシア〔二月〕革命の残影が残っており、農村ではまだ彼の肖像画が新しい臨時政府の父として掲げられている。ロジャンコはグチコフ的人物を要職に就けるだろう。こうして、われわれは真に強固な権力を持つことになる。そしてこの権力は諸君を右側から一網打尽にし、われわれを左側から一網打尽にするだろう。

ロジャンコ

同志諸君、今日、私が諸君に望んでいるのは考えを変えることではない。これはあまりに僭越な考えである。私が今日実現したいと思っているのは、諸君のうちに次のような考えを喚起することである。われわれが諸君に反対しているのは、敵意からでも、悪意からでも、また何らかの利己的な分派的動機からでもない。そうではなく、われわれが、諸君と同じように、同じ病に苦しんでいるからであり、革命のあらゆる苦難をこうむっているからである。しかし、われわれは諸君とは別の回答を求めており、こう確信している。諸君がロシア革命の現在に固執しているのに対して、われわれは諸君に代わってロシア革命の明日を準備しているのだ、と。われわれは最も革命的な左翼分子を動員するだろう。そして、「二重の無権力」――ソヴィエトの無権力と政府の無権力――の政策が反革命の危機をもたらし、グチコフ的人物がロジャンコ的人物とともに革命を葬り去ろうとするならば、同志諸君、諸君は次のことを確信することだろう。左翼たるわれわれは真っ先に諸君とともに闘うだろうし、われわれもまた革命の成果を擁護し、それを発展させ深化させるだろうと。

『フペリョート』第三号

一九一七年六月二八日

訳注

(1)食糧大臣……人民社会主義党(エヌエス)のペシェホーノフのこと。ペシェホーノフ、アレクセイ・ヴァシリエヴィチ(1867-1933)は当時ペトログラード・ソヴィエト執行委員会のメンバーで、第一次および第二次連立政府の食糧大臣。一九二二年に亡命。

(2)管理者の一人……プチロフ工場の管理者であったセルブロフスキーのこと。十月革命後、ソヴィエト政権に協力し、アゼルバイジャンの石油工業の責任者となる。

(3)ペレヴェルゼフ、パーヴェル・ニコラエヴィチ(1871-1944)……トルドヴィキ、ペテルブルクの弁護士。一九一七年五月、第一次連立内閣の司法大臣として入閣。同年七月、レーニンがドイツ参謀本部とつながっていたとする文書を新聞に発表。十月革命後に亡命し、パリで死去。

(4)トレチヤコフ、セルゲイ・ニコラエヴィチ(1889-1938)……モスクワの工場主で、一九一七年にはロシアの商工業界の指導者。一九一七年九月にケレンスキー政権の要請を受けて最高経済会議の議長に就任。十月革命時に冬宮で逮捕されるも、その後釈放。内戦期にはコルチャックに協力し、その後亡命。

(5)ブラムソン、L・M(1869-?)……人民社会主義者(エヌエス)の指導者で、二月革命後にペトログラード・ソヴィエト執行委員会のメンバー。いくつかの問題に関して、ブラムソンは自党の右派多数派と意見が異なっていた。革命後に亡命。

トロツキー

国会と権力——第一回全露ソヴィエト大会における第二の演説

（一九一七年六月九日）

訳　西島　栄

同志諸君、現在、〔国会の地位に関する〕これら二つの決議(1)によって立てられている問題は、わが国に強固な権力が存在するのかどうか、この強固な権力がわれわれによって利用されるのか、それをつくり出す必要があるのか、といったものではなく、立てられているのは次のような問題である。ロシアには現在そもそも何らかの国家権力が存在するのか、すなわち民主主義の原理にもとづいた人民主権が存在するのか、それは何らかの具体的な表現を見出しているのか、である。

まさにこのように問題は立てられている。われわれはすでにこれまでこの問題に対して次のような趣旨の回答を耳にしてきた。臨時政府は革命政府であり、法的手続きで制度化されたものではなく、過去の歴史的継承関係に縛られてはいない、と。しかし、もしそれが真に革命的な権力ならば、なおのこと、過渡期においては、自己の手中に人民主権のいっさいを集中させなければならないはずである。法的観点および革命的民主主義の観点からは、問題はまさにこのように立てられる。

しかし、臨時政府の背後には、別の主張も存在している。それはこう言っている。われわれ、国会《ドゥーマ》こそが臨時政府の生みの親であり、臨時政府に立法権を一時的に委任したが、政府の創造、新しい政府の創設——それが必要だとすればだが——については、自らに留保しておく。まさにここに問題の本質があり、それゆえロジャコは代議士に招集をかけたわけだ。したがって、わが国には、自らを臨時政府より上にあるとみなしている権力が存在しており、現在存在する臨時政府が歴史的に失策であるとわかったなら、新しい政府を創造する権限を有しているとみなしている。

新しい政府を創設する権利が国会にあるのかどうかという問題に対して、われわれには答えは与えられていない。しかし、現に存在する臨時政府が国会を解散させることができるのかという問題に対しては、少なくとも新聞からの情報によるなら、きわめて蓋然性の高い回答が示されている。社会主義大臣たちのあらゆる声明でも完全に確認されているのだが、リヴォフ公の回答はこうだ。臨時政府には、この政府をつくり出した国会を解散させる権限はない、と。したがって、この言明が社会主義大臣たちによって最も断固とした形で退けられるのでないかぎり、リヴォフ公の口を通じて、臨時政府それ自体は国会に手を出す権限がないと自らみなしていること、したがってまた国会を自らの権力の上にある機関だとみなしていることになる。だが昨日、われわれはこの場で第三の権力が出現するのを耳にした。われわれソヴィエト大会の権力がそれであり、それは私有財産を奪うことを禁止すると宣言したのだ。

こうして、ロシアには三つのカテゴリーの権力が存在することになった。一つは臨時政府であり、それは明らかに国を統治しているが、国会には手を出す権限はないと自認している。二つ目は国会であり、それは立法権を臨時政府に委任しているが、可能とあらば、すなわち反革命勢力の結集がそれを可能にするなら、新しい臨時政府を創設する権限が自分にはあるとみなしている。最後の、三つ目の権力は労働者・兵士代表ソヴィエトであり、それはいかなる立法権も執行権も拒否しており、ただ場あたり的にもろもろの決議を、たとえば私有財産を奪うことを禁止する――勧告するのではなく「禁止する」――というような決議を採択するだけである。

同志諸君、言わせてもらうが、諸君が、略奪を禁じる権力以外の権力を自ら拒否するというのであれば、諸君は明らかにそれを国会の名においてではなく、何らかの別の権力の名において、すなわち諸君に代表権を委任した権力の名においてそうしているのだ。同志諸君、私には、自らを革命的人民の代表者とみなしている革命的民主主義派の諸君の心理が理解できない。諸君が代表しているとみなしている革命的人民は、すべての六月三日派と決別することで、自己統治へと、権力へと突き進みつつある。私には理解できないのだが、これらの代表者たちは、どうして自らの権力（というのも、諸君は臨時政府を諸君の権力の代表者、人民主権を表わすものだとみなしているからだ）に次のように言うことができないのか。「臨時政府よ、君は自らの上に立ついかなる権力も、君を古い制度に縛りつけるいかなる権力も認めてはならない。臨時政府よ、君の上には聖なる生みの親――第四国会――など存在しない。君は革命的人民の意志から生まれたのだ」。そして、革命政府の新たな創造物を破壊しようとしている国会に対して、次のように言わなければならない。「その手をどけろ、おまえは一片の命令によって一掃されるだろう」。

革命権力は、〔抽象的な〕歴史的定式によってではなく〔実際の〕法令によって表現される。諸君に権力が存在するのなら、そしてそれが欺瞞と自己欺瞞の権力でないのなら、この権力はこのきわめてささやかだが必要不可欠な自衛行為のうちに現わされるべきであり、諸君は次のように言うべきなのだ。「われは権力なり。わが権力以外の権力は存在せず」と。

『第一回全露ソヴィエト大会速記録』より

（1）国会に関する二つの決議……革命前の帝政時代から存在した国会（国家ドゥーマと国家評議会）の地位をめぐっては、ソヴィエト主流派であるメンシェヴィキとエスエルによって出された決議とボリシェヴィキと国際主義者（トロツキー派）によって出された決議の二つが討議され（マルトフも独自の決議を提出）、ボリシェヴィキと国際主義者によって出された決議は、ボリシェヴィキを代表してルナチャルスキーと、国際主義者を代表してトロツキーによって擁護された。大会では主流派の決議が四九一票の賛成と二一六票の反対、四一票の棄権によって採択された。

トロツキー

戦争と平和——第一回全露ソヴィエト大会における第三の演説

（一九一七年六月九日）

訳　西島　栄

同志諸君…（会場からの声「われわれは君のどういう同志なのか？」）、私の前にあるのは、戦争と平和の問題である。ここで議論されているこの問題は、権力の問題をめぐるわれわれの討論と同じ運命をたどりつつある。

討論はあたかも、現在までこの問題に関してわれわれがいかなる経験も有していないかのように、あたかも代表ソヴィエトが存在せず、革命的ないし連立的権力が存在せず、社会主義大臣たちの綱領に対する一定の関係、この綱領による一定の結果も存在しないかのように進んでいる、あるいはほとんどそれに近い形で進んでいる。討論そのものは、連立内閣を擁護する者たちと、国際主義者の綱領、とりわけボリシェヴィキの綱領を支持する者たちとのあいだで展開されている。われわれ〔ソヴィエト大会〕は自らのことを根拠のあるなしにかかわらず革命的議会と呼んでいる。私の意見によれば——この意見について私は出版物で述べただけでなく、ここでも述べたのだが——、ここに見られる雰囲気は、革命的社会主義よりもはるかに自由主義に近い……（会場からの声「どんな雰囲気だ？」）。私はこのことを断じて侮辱のつもりで言ったのではない。これは政治的状況であり、政治的グループ分けだ。これは原則の問題だ（会場からの声「正確に言え」、騒然）。

……同志諸君……（会場からの声「どういう同志だ？」）……、同志と市民の諸君、とりあえずこの問題について落ちついて論じるようお願いしたい。われわれ少数派もそうしようと努力している。われわれは、あらゆる少数派と同様、諸君よりもはるかに不利な条件のもとにある。なぜなら、諸君は議事を定めており、問題の骨子を定めているからだ。諸君は幹部会でも多数派であり、諸君の決議を採択することが保障されている。それゆえ、諸君はこのことにもとづいてもう少し落ちついて行動し、少数派からの当然の反発を招かないようにすることができるはずだ。（議長発言「静粛に。発言者を妨害しないようお願いする。時間はかぎられている。諸君が彼の発言時間を削っても意味がない。私がその分彼に返すことになるからだ」）

「軍隊におけるアナーキー」

すでに指摘したように、討論は奇妙な次元で展開されている。登壇しているのは、臨時政府の擁護者たちと臨時政府のメンバーである大臣たちである。たとえばケレンスキーは、国際主義者に対して、あるいはボリシェヴィキに対して論争的演説を行なっている。あたかも現状における臨時政府の活動課題が、同志レーニンに反対する論拠を最もうまく動員することに帰着するかのようにである。いわば、陸海軍の観点からして、課題がドイツ人に反対する論拠を最もうまく動員することに帰着するかのようである。しかし、われわれの全討論は、最初から最後までこのような偽りの次元で展開されている。いつもわれわれは、大臣たちとその同意見者たちに対して、革命から三ヵ月以上経った結果として形成されている状況について、今回の場合で言えば、国の軍事的状況について、そこからの活路について、基本的に彼らがどう考えているかをわれわれに語るようお願いしなければならない羽目になっている。諸君、すなわち臨時政府の与党ないし連立与党は、君たちがすでに大規模に適用してきた方法がこれまでのところ諸君の強化もわが国の全般的な強化ももたらしておらず、逆にさらなる弱体化をもたらして

プレハーノフ

いるとは思わないのか？　諸君は、われわれの側からではなく主として諸君の側から出されている苦情、軍隊内のいわゆる解体状況に対する苦情こそ、諸君が真っ先に議論しなければならない、あるいはわれわれとともに議論しなければならない問題ではないのか？

たとえば著名人たちのあるグループによるアピールを取り上げよう。このアピールに署名されているのは、幾人かの軍事活動家の名前と、プレハーノフ、ドイチュ〔デーイチ〕[1]、ザスーリチ[2]、ロパーチン[3]などの一連の市民活動家の名前である。このアピールは三日前に印刷され、昨日ペトログラードのすべての紙面に公表されたが、それはこう述べている。ロシア軍は慢性的な解体状況にある。軍隊内には、臆病さや利己的な関心が広がっている。攻勢は実行されていない。個々人が、その個人的な英雄的模範を発揮することによって軍隊を発奮させ攻勢の道へと駆り立てるべきだ、と。この文書は事態を乱暴に誇張していると私は思うが、少なくともそれは一定の事実を反映している。すべての新

聞が「軍隊におけるアナーキー」と呼んでいる事実をである。この「軍隊におけるアナーキー」という用語は陳腐な決まり文句にさえなっている。

だが同志諸君、問題は以下の点にある。まさにこの軍隊は、勝利せるロシア革命を成し遂げた当の軍隊である。もちろん、この軍隊は革命的社会主義意識の高みには立っていない。私はこのことを、ここで引用された私の論文の中で指摘しておいた。それは、ロシアの社会的・文化的諸条件から出来してきた軍隊であり、この諸条件は、そのあらゆる後進性を伴い、過去の——そして今日でもまだ完全には清算されていない——野蛮を伴っている。しかし、わが国のこの軍隊は、ロシア革命を成し遂げた英雄的軍隊でもある。誰もが、軍隊には利己的関心や個人的利害が浸透していて、それが軍を解体していると説明する。このような問題の立て方は、私に言わせれば、諸君にとってもわれわれにとってもまったく不適当である。われわれはこう考えている。わが国の軍隊は、個々のどの部隊にあっても、自己の革命的解放を成し遂げることによって、あらゆるリスクに、すなわち革命の運命がまだ決せられていなかった危機的瞬間にこのような革命的行為を実行することに伴うあらゆるリスクにさらされた当の軍隊なのである。このわれわれの軍隊はまた、全体としてもその個々の部分においても、単一の革命的意識によって、自らが内的に確信する政治的目的の単一性によって固く結束するときには、今なお自己犠牲と英雄主義を発揮する能力を持った軍隊である、と。問題の本質はまさにここにある。ロシアの全歴史にとって幸いなことに、わが国の革命はロシア軍の古い心理、すなわちグレープ・ウスペンスキー(4)がかつて言った、いなごか小魚の群れの心理を永遠に清算した。すなわち、何十万もの兵士たちが、自分たちの犠牲の意味を理解することなく、またこの犠牲の主体的・客観的目的はいったい何かという問題を自らの前に立てることもなく、受動的に、まるで自然であるかのように、死んでいく、そういう心理をである。私は言う。われわれが引きずってきたこの歴史的時代に呪いあれ！　現在われわれが英雄主義を高く評価しているとしても、それは、大量で自然発生的で無意識的なものではなくて、個々人の意識を通じて発揮される英雄主義である（拍手喝采）。私は言いたい、まさにこの軍隊、革命から出現しそれを経てきた軍隊の中にこそ、このわれわれの農民と労働者の軍隊を一致団結した熱狂でもって固く結束させせることのできる理念、スローガン、目的が存在しなければならないし、実際に存在するし、今後とも存在するだろう、と。

われわれに対してこう言う者がいる。「軍隊の前に民主主義的やり方で問題を提起することはできない。すなわち、兄弟たちよ、諸君全員に共通し諸君を団結させる目的のために攻勢に従事するつもりはあるか、と」。嘘だ！　ブルジョア的偽善者だけが、攻勢の問題を軍全体の討議にかけるなら、軍の規律が破壊され、軍の攻勢的気概を弱めることになると考えることができるのだ。私ははっきりと言っておく。フランス大革命の軍隊は、投票という手段であれ他のどんな手段によってであれ、攻勢への呼びかけに対して完全に自覚的に答えることができたし、実際に答えたのだ。

軍と兵士の心理

では、問題はどこにあるのか？　いっさいの問題は、現時点で、このような、軍隊を統合するような目的が存在していないことにある…（会場からの声「あるぞ」）。同志諸君、もし本当にあるのなら、軍の解体、崩壊、アナーキーに対する苦情や慨嘆は存在しないはずだ。さらに、この会議の場でなされているわれわれの悲劇的な討論もなかったはずだ。

では、問題はいったいどこにあるのか？　諸君自身も知ってのとおり、わが臨時政府は自ら、全世界の前で、ロシアの革命的軍隊の前で、戦争目的という問題を提起した。われわれは戦争を遺産として引き継いだ。われわれ自身がそれを開始したのではない。軍隊は、旧専制体制から引き継いだこの戦争を背中に負わされたのである。臨時政府は初めて戦争目的という問題を提起した。どのように提起したのか？　ロシア軍の各々の兵士に対して、すなわち、幸いなことに「聖なる家畜」であることをやめて自分の運命と戦争の運命について考えている兵士たちに対して、旧来の戦争目的は見直されなければならないと提起したのだ。これらの兵士たちにあっては、戦争目的の問題は主体的な形を取っており、それは革命政府の権威と諸君の権威とによって正統化されている。というのも労働者・兵士代表ソヴィエトは、ツァーリズムから受け継がれた古い戦争目的を見直す必要があるという趣旨の決議を採択したからである。これが、軍隊の状況を、その心理を規定する基本的事実であり、諸君はこの基本的事実から逃れることはできないし、どんな詭弁をもってしてもごまかすことはできない。各々の思考する兵士たちはいずれもこう自問するだろう。いったいいかなる目的のために自分たちは攻勢に出るのか、と。あるいは、もっと主体的な形で言うなら、思考する兵士たちはいずれもこう自分に言っている。今日自分が流す血の五滴のうち、一滴だけがロシア革命の利益のためであって、残り四滴がフランスの証券取引所とイギリス帝国主義のために流されるというのはもうごめんだ、と。

同志諸君、ここに問題のいっさいの本質がある。このように判断する兵士は間違っていると諸君は言うかもしれない。しかし、その場合、その間違いの責任は諸君自身にあるのだ。なぜなら諸君自身がこのように問題を立てたからであり、臨時政府もその高い権威でもってこの問題を取り上げたからだ。この問題が解決されるまで、攻勢は必然的にこのような心理的・道徳的前提条件を抱えることになる。臨時政府は、軍隊が戦争を遂行するための目的の正当性に疑問を抱いており、政府自らこのことを白状しておきながら、それと同時に、この目的の見直しを達成する上での自己の無能さを、あるいはそう言いたければ客観的な不可能性をも露わにしている。臨時政府のすべての外交活動とそれを補完する代表ソヴィエトの「社会主義者」の活動は、端的に言って、長々と多弁を弄して次のことを確認することの何ものでもない。すなわち、現在の状況においては、諸君、つまり兵士、労働者、農民の血をまもなく流させるための目的を根本的かつ速やかに見直すことが、われわれにはできないのだと。

このような状況のもとで、軍隊の攻勢の問題、軍隊における統一性の問題を解決することは、上からの圧迫によってのみ、権力の強圧的な権威によってのみ、威嚇的な怒声によってのみ可能である。しかし、革命によって目覚めさせられた軍の意識という複雑な心理機構、そのきわめて微細で精巧な装置は、それでもやはり巨大な抵抗力を発揮するだろう。ある場合にはより病的な形で、またある場合にはより正常で組織的な形で。革命によって目覚めさせられ、自己の前に戦争の意味という問題が立てられたのに、この問題に対する回答を与えられていない軍隊、このような軍隊の抵抗は、攻勢の直前にも攻勢の最中にもいたるところで現われるだろう。そして、まさにこの軍隊の中の、けっして最悪ではない分子、むしろ最良の分子こそがまさにこう言うだろう――「諸君自身が戦争目的こそが問題の核心であると言った。だが諸君は、戦争目的という問題に対する回答を与えることなしに、われわれを戦場に送り込んでいる。われわれは抗議する。すると諸君はわれわれを懲罰にかけ、そうすることで上からの統制と規律を作り出す。だがこの規律は何のための規律なのか。それは、われわれにとって疎遠な目的のための規律であり、君たち臨時政府をフランスの証券取引所や英米帝国主義に縛りつけている目的のための規律である」。

もし諸君自身の独自の行動スローガンが存在しているのなら、まさにそれは個々の兵士の意識に反映しているはずだ。

臨時政府は何を提案しているだろうか？（会場からの声「どうしたらいいと言うんだ？」）。……私に「どうするべきか」という質問が来ている。どうするべきかとわれわれに問う前に、諸君は自分たちが何をしているかをはっきりと理解しておかなければならない。なぜなら諸君は多数派であり（拍手）……、諸君の手中には政府の代表者たちがいるからだ。諸君はいったい何のために政府に諸君の代表者を派遣したのか、彼らはいったいいかなる政策を実行することができるのか、このことについて諸君はわれわれに説明する義務がある。つまり、どうするべきかという問題をわれわれに提起する前に、諸君は自分たちの政策について説明しなければならない、というのが私の答えだ。この大会の、ある代議員団会議の場で、諸君はわれわれのことを無責任な少数派だと言った。われわれが臨時政府を支持しなかったこと、われわれが自分たちの代表を誰もそこに派遣しなかったこと、われわれが批判的立場を取っている少数派であり、そしてその立場から生じるあらゆる有利ないし不利な諸結果を引き受けていること、そういう意味でならその主張は正しい。諸君は責任ある多数派である。諸君にはその多数派としての資格にもとづいて、現状からの活路を指し示す義務がある。

諸君は黒海艦隊のことも取り上げている。クロンシュタットが〔ロシアから〕分離したとか、独立の共和国を宣言したかという噂話を諸君は耳にしたことがあると思うが、それに対して黒海艦隊は組織的・自覚的愛国主義の規律を体現する真の拠点であった。しかし予想外の暴発が起こった（会場からの声「それはもう一掃された」）。まったくその通りだ。しかし、重要なのは、全国に愛国主義的代表者を派遣したあの模範的な黒海艦隊にさえ、この、組織された愛国主義の巣窟にさえ、現在のような危機的時期にあのような暴発が起こりえたということである。これは何を示しているのか？　これが示しているのは、わが国の軍隊の心理状態における最も深刻な矛盾である（議長「貴君の時間はなくなった。発言者にあと八分の時間を与えてもよろしいか？」、会場からの声「いいぞ！」）。

臨時政府の外交覚書の本質

臨時政府の最近の外交覚書の内容をきちんと理解しなければならない。これは、この間の一連の交渉——それは先送りと足踏みの政策以外の何ものでもなかった——を構成する一個の環である。この最新の覚書がどのように全世界の意識の中に、社会主義プロレタリアートの意識の中に映っているのか、このことの最良の証拠として役立っているのは、ロシアで発行されているフランス語の新聞『アンタント』である。これは疑いもなくフランス大使館の密接な協力のもとで発行されており、わがロシア外務省ときわめて密接に結びついている。そして、この有名な御用新聞は、ロシア政府がその外交覚書で戦争目的を見直そうとしていることに関して次のように書いている（私はこのあらゆる点で立派で教訓的な論文を詳しく引用することもできるが、ここではごく簡単に触れるだけにしておく）。曰く、われわれは、新政府の最新の外交覚書を大いに警戒していていたが、幸いなことに、それはまったく立派なものだった。たしかに、そこには革命の辞書からのあらゆる美しい言葉が散りばめられている。国際関係における自由、平等、友愛、等々。それらはみな必要な美辞麗句である。しかし、それはわれわれにとって重要なことではない。重要なのは、臨時政府がどんな場合であっても同盟関係から離脱しないと語っていること、戦争がいかなる状況になろうとも英仏米の帝国主義に忠実であると公然と誓っていることだ、と。以上がこの御用新聞にとって最も本質的な事柄なのである。

同志諸君、私は言いたい。われわれにとって、革命党として、革命的民主主義派として、この実に立派で高尚な名前にふさわしい存在でありたいと思うのなら、ドイツ帝国主義の課題と目的は英米帝国主義の目的とまったく同じく嫌悪すべきものであると公然と言う以外の選択肢はない。そして、ロシア軍の意識のうちに、上から押しつけられた規律ではなく目覚めた熱狂による規律のうちにしっかりとした支えを求めたいのなら、ますます進行しつつある解体状況から、ますます先鋭化していく一方の弾圧（それを適用するのがケレンスキーであれグチコフであれ）から抜け出すことを欲するのなら、われわれ自身の独自の歴史的道を進むことを欲するのなら、その場合、われわれはこう言わなければならない。ロシア革命は、国内政治においてだけでなく、国際政治においても独立しなければならない、と。自国の軍隊を危険な冒険にさらすのではなく、反対に、全国津々浦々で権力を、この軍隊が直接頼りにしている組織すなわち労働者・兵士代表ソヴィエトに移行させて、政府に責任を負う軍隊と、軍隊に責任を負う政府をつくり出して、軍隊のうちに次のような最も深い確信をつくり出さなければならない。この政府はいかなる外国帝国主義とも結びついておらず、したがって、外国借款を獲得するためとかその他類似の目的のためにあれこれの戦略的・外交的行動を取ることはないという確信である。

　このような気分をつくり出すことによって、われわれはこの軍隊の名において、すべてのヨーロッパ人民に対して次のようなアピールでもって訴えかけることができるだろう。現在、ヨーロッパ地図上に革命の要塞が、革命の常備軍が存在すること、そしてそれは、現在の戦争を清算するために自国の政府に対してさまざまな形で決起しつつある革命的諸国人民のあらゆる試みを支持するだろう、と。

どのように革命を防衛するべきか

　同志諸君、このような状況のもとで懐疑家であることは、非常に容易であり、また非常に困難でもある。この革命が発展していって、ロシアの革命的軍隊、ロシアの民主主義がヨーロッパのうちに同盟者を見出すだろうと完全に確信することはできない。いかなる歴史もわれわれに保障を与えてくれていない、と。そうだ、歴史はわれわれに、革命ロシアに、われわれはけっして粉砕されないとか、われわれの革命が連合した世界資本によって圧殺されないとか、世界帝国主義によって葬り去れないとか、そうした保障は与えてくれなかった。

だが、このような恐るべき危険性に対抗する上で、われわれには、ヨーロッパの地図上には、目覚めつつあるヨーロッパ・プロレタリアート以外のいかなる同盟者も与えられていない。もし彼らが目覚めないとすれば、懐疑家たちの言葉と予想が正しいとすれば、われわれが社会革命の時代に入っていないとすれば、このことは、ロシア民主主義は死の危機にあるということを意味する。なぜなら、わが国で起こっている革命は、民主主義的軍隊の革命であり、社会の中でかつて地上にどこにおいても得たことのないような地位を獲得しつつあるプロレタリアートの革命であり、地主の土地所有の根本的な清算を目指している農民の革命であり、このような革命は、私的所有にとって、全ヨーロッパと全世界の資本にとって最も危険な脅威であるからだ。

ヨーロッパにおいて勤労大衆の革命が発展しないとすれば、ヨーロッパの全資本は数ヵ月か一年ないしその後で一致団結して、ロシア人民の首に首吊り縄をかけて締め上げるだろう。こうした観点からして、われわれにとって問題は、戦争が清算されるかどうかだけではなく、また前線の問題が解決されるかどうかだけでもなく、ロシア革命の全運命が決せられるかどうかもである。つまり、われわれが自由な民主主義的国民として発展するのか、それとも、ヨーロッパ帝国主義の――より正確にはアメリカ帝国主義の――押しつぶされ抑圧された植民地と化すかである。したがって、問題ははるかに深刻なのだ。ヨーロッパ・プロレタリアートの革命を信じていない懐疑家たちは、そのことによって次のように言っているのだ。ロシア革命が、そしておそらくは国全体が歴史によって打ち砕かれるだろうと。

これは正しくない。三倍も正しくない。われわれはまだわれわれの力を出し切っていない。誰もが引き合いに出すフランス大革命が対峙していたのは、後進的な封建的ヨーロッパであった。現在のロシア革命が前にしているのは、最も先鋭な諸矛盾に引き裂かれた〔先進的な資本主義〕ヨーロッパであり、その諸矛盾は、現在の激烈な戦争の結果として、戦前よりも疑いもなく先鋭になっている。

戦時中にヨーロッパにいた者――私は戦争当事国であるフランスにいた――は次のような確信を抱かないわけにはいかなかった。ヨーロッパにおけるこの戦争は近い将来、支配階級にその重大な痕跡を、深刻な結果を残さないわけにはいかないし、この戦争は、勤労大衆の最も深刻な革命的激動をもたらすだろう、と。われわれが帝国主義ブロックの一つの環にとどまって、帝国主義に対する大衆の決起をロシア革命の権威でもって押しつぶすのか、それとも、両戦線からわれわれの手を解放し、自国の軍隊を革命的規律と革命的意識の統一性でもって救いだし、ヨーロッパの勤労大衆に訴えるのか、これはわれわれに、ロシア革命にかかっているのだ。

その場合でもドイツ人民が立ち上がらず、あるいは立ち上がっても弱すぎたとすれば、その時われわれは、われわれの連隊をドイツに対して、防衛のためではなく、革命的攻勢のために進撃させるだろう…（会場からの声「手遅れだ！」）。

いや、手遅れではない。偽りの道を放棄して、正しい道に立つのに、けっして遅すぎることはない！（拍手喝采）

『第一回全露ソヴィエト大会速記録』

訳注

（1）ドイチュ［デーイチ］、レフ・グリゴリエヴィチ（1855～1941）……当初ナロードニキで、一八八三年にプレハーノフらとともに「労働解放団」を結成。その後「イスクラ」派。一九〇三年の党分裂の際にはメンシェヴィキ。第一次大戦中は社会愛国主義者。二月革命後、プレハーノフのエジンストヴォ派に所属。十月革命後、政治活動から手を引いて、革命史文書庫で働く。一九二二年にプレハーノフのアルヒーフの調査研究のためにパリへ。

（2）ザスーリチ、ヴェーラ・イワノヴナ（1849-1919）……ロシアの女性革命家。ナロードニキとして革命運動に参加し、一八七八年にトレポフ知事を狙撃し、スイスに亡命。一八八三年にプレハーノフらと「労働解放団」を結成。一九〇三年の党分裂後にはメンシェヴィキ。第一次世界大戦中は祖国防衛派。二月革命後にプレハーノフのエジンストヴォ派に所属。エジンストヴォ派は四月に社会民主労働党に向けてアピールを発し、ロシアは危機にありとし、ドイツの軍事的脅威からロシアを防衛するよう訴えた。

（3）ここに登場するロパーチンが誰であるかは明確にはわからないが、以下の人物かもしれない。ロパーチン、ゲルマン・アレクサンドロヴィチ（1845-1918）……古参ナロードニキ革命家。一八六九年、無関係のネチャーエフ事件で逮捕され、逃亡し、ラヴロフを頼って国外に亡命。パリやスイスを経て、ロンドンに移動し、マルクスと知り合いになり、国際労働者協会の評議員メンバーに。チェルヌイシェフスキーの救出活動のためにロシアに帰還し、一八七一年に逮捕。一八七三年に再度脱走し国外へ。しかし一八七九年に、「人民の意志」派による革命活動が活発になったのを受けてロシアへ帰還するもすぐに逮捕。一八八三年に亡命し、一八八四年に「人民の意志」派を再建するために再びロシアへ。一八八四年に逮捕され独房に二〇年間閉じ込められる。一九〇五年革命で釈放。

（4）ウスペンスキー、グレープ・イワノヴィチ（1843-1902）……ロシアのナロードニキ系の作家。雑誌『現代人』の編集者。農村を舞台にしてその生活をルポルタージュ風に描いた。トロツキーはウスペンスキーをナロードニキ作家の中で最も高く評価した。

（ソヴィエト大会から攻勢へ）

トロツキー

その道に出口はない

（一九一七年六月一五日）

訳　西島　栄

一九一六年三月三日、国会の議事において、ミリュコーフ氏は左からの批判にこう反論した。

政府がわが国を敗北に導くかどうか、確実なところは私にはわからない。しかし、ロシアにおける革命が間違いなくわが国を敗北に導くことはわかっている。だから、わが国の敵がそれをかくも強く渇望しているのも無理はない。勝利のためにロシアを組織することが革命のためにロシアを組織することを意味すると私に言う者がいるとすれば、私はこう言うだろう。戦争中もロシアをそのままにしておく方が、つまり非組織的な状態にしておく方がましだと。

以上の引用が興味深いのは、昨年の時点でミリュコーフ氏が、現在と同様、国際主義のみならず、そもそも革命全般に対してドイツ皇帝《カイザー》の手先とみなしていたことを物語るものだからだ。このような評価は自由主義的おべっか使いにとって実にふさわしい。だがはるかに興味深いのはミリュコーフ氏の予言の以下の部分だ。「しかし、ロシアにおける革命が間違いなくわが国を敗北に導くことはわかっている」。このような確信はどこから来ているのだろうか？　勝利を導いた革命が存在することを歴史家としてのミリュコーフ氏が知らないはずがない。しかし、帝国主義的政治家としてのミリュコーフ氏は、コンスタンチノープルやアルメニアやガリツィアの奪取という目的が革命的大衆の胸中に熱狂の炎を燃え立たせることなどできないことを理解しないわけにはいかなかった。ミリュコーフは、自分の戦争に革命が勝利をもたらしえないことを予感している、いや確固として知っている。

たしかに、革命が勃発したとき、ミリュコーフ氏はただちにそれを同盟諸国の帝国主義の馬車につなごうとした。まさにそのおかげで、ロンドン、パリ、ニューヨークのあらゆる耐火性金庫は嬉しそうに金属音を響かせながらミリュコーフに歓迎のあいさつを送ったのである。しかし、この試みは、労働者と兵士の半ば本能的な反発にぶつかった。ミリュコーフ氏は内閣から追放されることになった。革命は予想どおり彼に勝利をもたらさなかった。

ミリュコーフは辞任したが、戦争は残った。連立政府が形成された。小ブルジョア民主主義者と、帝国主義的かぎ爪をしばらく隠しているブルジョアジーの代表者たちからなる連立政府だ。この政府は、その反革命的性格を、どの分野にもまして国際分野において、何よりも戦争の領域においてはっきりと暴露した。資本主義ブルジョアジーはこの政府に、「前線における攻勢的行動とわが同盟諸国に対する変わらぬ忠誠」(カデットの会議での決議)の名のもとにその代表者たちを送った。自らを社会主義とみなしている小ブルジョア民主主義者たちは、資本主義ブルジョアジーおよびその国際的同盟者たちと「決裂することなく」、できるだけすみやかに、すべての参戦国にとってできるだけ無害な形で――すなわち無併合、無賠償、そして民族自決の保障さえともなった形で――戦争を終結させるために入閣した。

資本家大臣たちは併合を断念した――ただし、より有利な時が来るまで。このような純粋に口先だけの譲歩の代わりに、彼らはその民主主義的同僚たちに、同盟諸国の戦列から離脱しないことと、自国の軍隊を引き締めて攻勢に向けた準備をさせることという義務を課すことに成功した。コンスタンチノープルを断念することで(今のところは)、帝国主義者の紳士諸君が本当に犠牲を払ったかどうかはかなり疑わしい。というのは、三年に及ぶ戦争の結果として、コンスタンチノープルへの道はより近づいたのではなく、より遠ざかったからである。だが民主主義者たちは、疑わしいコンスタンチノープルを自由主義者たちがプラトニックに断念したことへの感謝して、ツァーリ外交のあらゆる遺産をそのまま引き継いで、ツァーリが結んだあらゆる協定を承認し、革命の全権威を軍の規律と攻勢に奉仕させた。

この追随は、何よりも、革命の「指導者」たちが独立した国際政策を放棄することを意味した。多数派であるときに自発的に権力を拒否した小市民的で臆病な諸政党(メンシェヴィキとエスエル)にとって、これは唯一自然な結論であった。革命的行政府を創出する任務をリヴォフ氏に委ね、革命の財政を再建する任務をシンガリョーフ氏に委ね、工業を組織する任務をコノヴァーロフ氏に委ねた小ブルジョア民主主義者たちは、革命ロシアの国際的運命を指導する役割をリボー、ロイド゠ジョージ、ウィルソンに委ねないわけにはいかなくなった。

こうして革命は、その現局面においては、戦争の性格を変えていないが、その代わり、革命はこの戦争の生きた力である軍隊にきわめて深刻な作用を及ぼした。古い強制的な規律は消滅した。兵士たちは自問する。いったい何のために血を流さなければならないのか？　今やこの血はツァーリズムの時代よりも高価なものになったはずなのに、と。秘密協定の問題が浮上し、正面から提起された。こうした条件のもとで軍隊の「戦闘能力」を立て直すためには、兵士たちの革命的・民主主義的抵抗を打ち砕き、彼らの目覚めはじめた政治的良心を眠らせ、革命的軍隊を――原則的に宣言された、古い協定の「見直し」がなされるまで――まったく同じ古い目的に奉仕させつづけなければならない。だがこの仕事は、オクチャブリストの札つきの保守政治家グチコフの手に負えるものではないことがわかった。この課題を実現するためには「社会主義者」が必要であった。このような人物は、大臣の中で「最も人気のある」ケレンスキーのうちに見出された。

市民ケレンスキーは、全露ソヴィエト大会の最初の会議の場においてその理論的知識のほどを披瀝してみせた。フランス革命とマルクス主義に関するこの自己満足的で田舎くさい議論以上に陳腐なものを想像するのは困難であろう。ケレンスキー氏の政治的定式の方も、明晰さも深みもないものであった。しかし彼は、俗物的な革命的美辞麗句を駆使するまごうことなき才能を有している。知識人的ないし半知識人的プチブルはケレンスキーのうちに自分自身を見出した。ただし「美化された」姿で。しかも通常の状況ではなく、常に英雄的な脚色を施された舞台の上にいる自分自身を見出したのである。

攻勢〔同盟諸国の共同の帝国主義的戦線に沿ったそれ〕のすみやかな準備のために自らの人気を惜しみなく使ったケレンスキーは、当然にも、有産階級のお気に入りの人物となった。テレシチェンコ氏が満足感を持って、わが国の同盟諸国がいかに「ケレンスキーの努力」を高く評価しているかについて語っているだけでない。また、左翼の大臣に対して手厳しい『レーチ』〔カデットの機関紙〕がこの陸海軍大臣に対しては変わることのない好意を示しているだけでもない。それだけでなく、ロジャンコ自身が「陸海軍大臣ケレンスキーが実行しているすぐれて愛国主義的な活動」について強調することを自己の義務とみなしている。曰く「この青年――オクチャブリストの国会議長の言葉によれば――は、日ごとに倍する力でもって、祖国の利益と建設的仕事のために起ち上がって（?）いる」。この喜ばしい状況は、もちろんこと、ロジャンコが次のことを望むのをいささかも妨げるものではない。ケレンスキーの「建設的仕事」が望むべき高さにまで達しなかった場合には、彼を更迭して…グチコフに替えることを。

その間に、テレシチェンコ氏の省庁〔外務省〕は、同盟諸国を説いて、自国の帝国主義的野望を革命的民主主義の祭壇に捧げることへの同意を取りつけようとしている。これ以上に不毛で――そのあらゆる悲劇的な恥辱にもかかわらず――これ以上に喜劇的な活動を――想像することは難しい！ テレシチェンコ氏は〔外交文書の中で〕、地方の民主主義新聞の社説のような文体で、世界的略奪の野放図な実行者たちにこう説明している。ロシア革命は強力な理念的運動であり、ロシア人民の意志を平等、等々への努力に向けさせている、云々。さらに彼は、「ロシアとその同盟諸国（つまり世界的略奪の野放図な実行者）とのあいだの緊密な統一性は、ロシア革命によって提起された諸原則にもとづいて、あらゆる問題に関する全般的な合意を完全に保証するものである」ことは「疑いない」としている。このような無力さと偽善と…無邪気さとのごった煮を前にして、嫌悪感を抱かずにすますことは不可能である。

ブルジョアジーはもちろんのこと、このような文書においてもあらゆる決定的な点は自分たちの側に確保している。すなわち「同盟諸国の立場全般に対する揺るぎない忠誠」を維持すること、なされた合意が不可侵なものであること、単独講和を排除すること、戦争目的の「見直し」を「有利な状況」になるまで先伸ばしすること、である。このことが意味しているのは、「有利な状況」になるまで、ロシアの兵士たちが、同じ帝国主義的戦争目的のために自らの血を流すことを求められるということである。この目的は公表されないが、見直されるというのだ。そして、ツェレテリのすべての政治的視野は、彼が全露ソヴィエト大会の注意をこれらの外交文書に向けるよう推奨したときの、その自己満足のうちに発揮されている。その中で彼はこう言っている。「革命政府の明確で率直な言葉でもって、ロシア革命が目指すべきものについて語られている」…。ロイド＝ジョージとウィルソンに向けた〔外交文書の〕臆病で無力な説教が、ソヴィエト執行委員[1]会がシャイデマンやヘンダーソンやトーマらに向けた説教とまったく同じ調子を保持していることを否定することは、誰にもできないだろう。まさにここに、少なくとも路線の同一性と、そしておそらくは書き手の同一性——神のみぞ知るだが——とが示されている。

テレシチェンコ

　テレシチェンコとツェレテリの最近の外交覚書に対する行き届いた評価を、われわれは、一見そういうものを期待しがたい所に見出す。それは、ペトログラードでフランス語で発行されている新聞『アンタント』である。これは、他ならぬ、ツェレテリがチェルノフといっしょになって「揺るぎない忠誠」を誓っている同盟国たるフランスの御用新聞である。同紙は言う。「外交関係者たちのあいだにこの外交覚書が一定の不安を招いていることをわれわれは喜んで認めよう」…。この御用新聞の承認するところによれば、同盟諸国の相対立する諸利益にとって統一した定式を見出すことは総じて容易ではない。「とりわけロシアに関して言うと、臨時政府の状況ははなはだデリケートであり、危険に満ちたものであった。一方では、労働者・兵士代表ソヴィエトの見解に配慮し、できるだけそれを反映させる必要があった。他方では、国際関係と友好的列強を大切にしなければならなかった。これらの国々は何といっても、ソヴィエトの法で縛ることができないからである」。

「しかし臨時政府はこの破滅的な袋小路から見事に脱出した」…。われわれ〔『アンタント』〕の目の前にある外交文書には、革命的教理の主要点がきちんと書き記され、記録され、臨時政府の権威によって打ち固められている。そこに欠けているものは一つもない。あらゆるすばらしい幻想、辞書のあらゆる偉大な言葉がしかるべき所にある。まさにここに、国際関係における平等、自由、公正が存在する…。Donc tout y est（そこにはいっさいがある）…。最も赤い同志たちもこれには異論を言うことはできない。そちらの方面にはもはや臨時政府が懸念することは何もない…。

しかし同盟諸国はどうか？——と同紙は問う。だが何たる奇跡であることか！　行間を読むことで（！）、また若いロシア民主主義に対する善意と友情のおかげで、同盟諸国もまた覚書のそこかしこに…若干の甘美で媚びるような含意を読み取り、若干揺らいだ信頼を回復させることができる。彼らは、臨時政府の状況があまり容易なものではないこと、したがってその文章をあまり厳格に解釈するべきではないことをよく知っている…。臨時政府が同盟諸国に与える基本的な保障は、一九一四年九月五日にロンドンで調印された〔英仏露の軍事的〕協定が見直されないことにある。われわれ〔フランス〕にとって今はこれで十分だ。

そしてわれわれにとってもそうだ。実のところ、テレシチェンコとツェレテリの外交的「散文」に対して、フランス大使館の中で情報や着想を得ているこの御用新聞が行なったもの以上に侮辱的な評価をすることは難しいだろう。この評価は、テレシチェンコ氏やその背後にいる連中にとってはけっして不愉快なものではないが、ツェレテリの「建設的仕事」にとっては破滅的である。というのも、ツェレテリはわれわれに対して自分たちの文書の「明確で率直な言葉」をあれほど熱情的に自慢していたのだから。「そこには一つの遺漏もない」――彼はソヴィエト大会の前でそう誓った。こうして、彼は自分に与えられた任務である「最も赤い同志たちの良心を安心させること」を遂行したのである。

しかし彼ら、すなわち、この外交的散文の筆者たちは誤っている。彼らは誰も安心させはしない。きわめて意味深長なことに、ケレンスキーのアピールに対しても、ツェレテリの説教や脅しに対しても、実生活は、黒海の水兵たちの反乱のように恐るべき打撃でもって答えるだろう。これまで彼らは、そこにはケレンスキーという要塞があり、攻勢的「愛国主義」という堡塁があると語っていた。だが現実はまたしても容赦のない反駁を加えた。外交においては古い帝国主義的協定と義務をそのまま保持し、内政においては有産階級に屈服することによっては、軍隊を革命的高揚の統一性や内的規律によって結束させることはできない。そしてケレンスキーの懲罰棒は今のところまだ、幸いなことにあまりにも短い。

全露ソヴィエト大会の場で大臣の紳士諸君がかくも多くの言葉を費やして弁護した道には、出口はない。

『フペリョート』第三号
一九一七年六月一五日

訳注

(1) トーマ、アルベール (1878～1932)……フランス社会党の右派指導者。第一次世界大戦中の挙国一致内閣に入閣。

トロツキー

帝国主義に奉仕する平和主義

（一九一七年六月一七日）

訳　西島　栄

地球上のあらゆる所で人々がお互いに殺しあっている現在ほど、多くの平和主義者がいた時は今まで一度もなかった。どの時代にも、独自の技術や独自の政治形態があるだけでなく、偽善の独自のスタイルが存在する。ある時は、各国民は、隣人への愛を説くキリスト教の教えの名のもとにお互いに殺戮しあった。現在ではキリストを持ち出すのは後進国の政府だけである。先進国の諸国民は平和主義の旗のもとにお互いの喉をかき切っている。ウィルソンは国際連盟や揺るぎない平和の名のもとにアメリカ合衆国を戦争へと引きずり込んだ。ケレンスキーとツェレテリは「できるだけ速やかな講和締結」の名において攻勢を呼びかけている。(1)今日の時代は、怒れる風刺家ユウェナリスのような存在はいくらいても足りないぐらいだ。いや、こう言う必要さえあるだろう。最も力強い風刺をもってしても、勝ち誇る卑劣さとそこら中を這い回る愚劣さ――戦争によって解き放たれた二つの強力な力――を前にしては、無力で精彩を欠くものになりかねない、と。

　平和主義は民主主義と同じ歴史的起源を有している。ブルジョアジーは人間の諸関係を合理的なものにしようとする巨大で歴史的な試みを行なった。すなわち、批判的理性を打ち立てることによって愚かでナンセンスな伝統を一掃しようとした。生産に対する同業組合的制限、身分的特権、君主制的専制、これらはすべて中世の伝統的遺産であった。ブルジョア民主主義は、法のもとの平等、競争の自由、公的事柄を処理する議会的方法を要求した。それは当然にも、自己の合理主義的基準を国際関係にも持ち込んだ。しかし、その領域では、問題を解決する手段としての戦争にぶつかった。それは「理性」を完全に拒否する手段だった。ブルジョア民主主義は国民に対して、永遠平和の基準を打ち立てるほうがはるかに有効であることを――詩や道徳哲学や会計学の言葉で――証明しようとした。以上がブルジョア平和主義の論理的起源である。

　そこにはその誕生からすでにブルジョア民主主義に特徴的なある根本的欠陥が含まれていた。その批判の切っ先が政治的諸現象の上っ面にとどまって、その経済的土台にまで食い込んでいかなかったことである。「理性的」合意に基づいた永遠平和の理念に対して、資本主義的現実は、自由・平等・友愛の理念に対してよりもはるかに容赦なく振舞うだろう。まさに資本主義は、技術を合理化し（理性を浸透させ）たが、経済の社会的組織形態を合理化せず、「野蛮な」中世が夢想することもできなかったような相互絶滅の武器をつくり出したのである。

　国際関係の絶え間ない先鋭化と軍国主義のとどまるところを知らぬ成長は、平和主義の足元から客観的基盤を完全に奪い去った。しかし、他方では、こうした諸条件はわれわれの眼前で新たな生命を平和主義に吹き込んだ。ばら色の日の出が血のような深紅の黄昏と違うように、それはかつてのものとは違うものであった。

　現在の戦争に先立つ数十年間はいわゆる武装平和の

時代であった。たしかにこの時期もずっと軍事行動が行なわれていたし、戦争が起こっていた。しかし、それは植民地においてであった。後進的で弱体な諸国の領土で荒れ狂っていたこれらの戦争は、アフリカ、ポリネシア、アジアの分割をもたらし、現在の世界大戦を準備した。しかし、〔普仏戦争が終了した〕一八七一年以降はヨーロッパそれ自体においては戦争がなかったために――いくつかの先鋭な紛争があったとはいえ――、巷《ちまた》の小ブルジョア的世論は、ますます増強される軍隊を平和の保障であるとみなすようになったのである。そしてこの平和は最終的に国際司法機関によって保障されることになっていた。言うまでもなく、資本主義政府と軍需産業にとって、軍国主義のこのような「平和主義的」解釈にいかなる異論もなかった。だがその間に世界的紛争は蓄積されていき、現在の爆発を準備したのである。

理論的・政治的な意味での平和主義は、社会的諸利害の調和という教義と同じ基盤に立っている。資本主義諸国間の対立は、階級間の対立と同じ経済的起源を有している。したがって、階級的諸矛盾をしだいに鈍化させることができるのなら、国際関係をしだいに緩和させ合理的に調整することもさして難しくないというわけだ。

そのあらゆる伝統と幻想を伴った民主主義的イデオロギーの源泉は小ブルジョアジーであった。一九世紀の後半に小ブルジョアジーは内的な変質をこうむったが、けっして舞台から退場しはしなかった。資本主義的技術の発展が不可逆的にその経済的役割を掘りくずしていった一方で、普通選挙権や全般的兵役義務は、小ブルジョアジーにその数の多さのおかげで外観上の政治的重みを与えた。大資本は、小ブルジョアジーをまだ根こそぎにしていないかぎりにおいて、彼らを信用制度の助けを借りて自らに従属させた。他方で、大資本の政治的代表者たちは、小ブルジョアジーのすっかり擦り切れた理論や偏見に虚構の信用を与えてやることによって、議会という舞台においても彼らを従属させた。以上が――戦争までの数十年間にわれわれが目にしてきたように――、反動的な帝国主義政策が強力に推進されるのと並んで、ブルジョア民主主義が改良主義や平和主義をともないつつ偽りの繁栄を謳歌してきたことの原因なのである。大資本が自己の帝国主義的目的に小ブルジョアジーを従属させたのは、小ブルジョアジー自身の偏見のおかげでもあったのだ。

おそらく、この二重の過程が最もはっきりと観察されるのはフランスにおいてだろう。この国は主として金融資本の国であり、この金融資本は、都市と農村の最も保守的でいまだ膨大な数がいる小ブルジョアジーに依拠している。外国からの借款や植民地のおかげで、またロシアやイギリスとの同盟のおかげで、第三共和国の金融上層部は、世界政治のあらゆる利害と衝突に引きずり込まれることになった。ところが、フランスの小ブルジョアジーは骨の髄まで地方的だった。彼らは常に地理学に対する本能的な反感を抱き、生涯ずっと戦争を何よりも恐れていた。しかも、たいていの場合、自分たちの家財道具一式とともに事業を引き継ぐべき息子が一人しかおらず、そのことだけからしても戦争を恐れていた。

これらの小ブルジョアたちが議会に送り出したのが急進党である。急進党は彼らに平和を維持することを約束した。すなわち、一方では、「国際連盟」と強制的な仲裁裁判所を通じて、他方では、ドイツの皇帝《カイザー》を抑え込むことになっているロシアのコサック兵の助けを借りて、である。地方弁護士出身の急進党代議士たちは、最良の平和主義的企図を持っていたのだが、ペルシャ湾がどこにあるのかとか、バグダッド鉄道が誰にとって何のために必要なのかということもよく知らないままパリに向かった。議会の多数派、すなわちこのような「平和主義的」急進党議員の総和は、自分たちの中から急進党内閣を選出した。だがこの急進党内閣はただちに、それ以前にすでに締結されていた外交的・軍事的諸義務と、ロシア、アフリカ、アジアにおけるフランス証券取引所の金融的利益によって、がんじがらめにされていることがわかった。引き続き平和主義的美辞麗句を振りまきながらも、内閣と議会は自動的に世界政策〔帝国主義政策〕に従事しつづけることになり、それは結局フランスを戦争へと引きずり込んだのである。

イギリスないしアメリカの平和主義は、社会的諸条件やイデオロギー形態のあらゆる違い（あるいはアメリカの場合のようにイデオロギーの不在）を伴いつつも、本質的にまったく同じ仕事に従事している。すなわち、世界的激動を前にしての中小ブルジョアジーの不安と恐れにはけ口を与えることである。この激動においては彼らはその独立性の最後の痕跡をも失うだけだろうからだ。彼らは、軍縮、国際法、国際裁判所といった不毛で空虚な理念でもって自分たちの意識を眠らせ、その後で、決定的瞬間になって、帝国主義資本へとわが身を差し出したのである。今では帝国主義資本は自己の目的のためにあらゆるものを動員している。技術、教会、芸術、プチブル平和主義、そして愛国主義的「社会主義」である。

「われわれは常に戦争に反対であった。われわれの代議士、われわれの内閣は戦争に反対だった」とフランスの小ブルジョアたちは言う――「したがって、われわれに戦争が押しつけられた以上、われわれの平和主義的理想の実現のために、最後まで戦争を遂行しなければならない」。そして、フランス平和主義者の指導者たるエストゥルネル・ド・コンスタン男爵[2]はこの平和主義的哲学を帝国主義戦争にしっかりと結びつける、厳粛なる「最後の瞬間まで（jusqu'au bout）」だ！。

イギリスの証券取引所は、戦争を遂行するために、自由党のアスキスや急進的デマゴーグたるロイド＝ジョージのような平和主義者を前面に押し出す必要があった。「これらの人々が戦争を遂行するぐらいなのだから、正義はわれわれの側にあるに違いない」とイギリスの人民大衆は自分に言い聞かせた。こうして、窒息ガスや莫大な戦時公債と並んで、平和主義もまた戦争経済においてしかるべき位置を与えられたのである。

帝国主義に対する小ブルジョア平和主義の奉仕的役割がいっそう明瞭な形で暴露されたのはアメリカ合衆国においてである。他のどこよりもそこで実際に政治を動かしているのは、銀行とトラストである。すでに戦争以前に、アメリカは、産業と外国貿易の強力な発展のおかげで、世界的利益と世界政策をめざす方向へと系統的に突き進んでいた。ヨーロッパ戦争は、この帝国主義的発展に熱病的なテンポを与えた。多くのお人好したちは（カウツキーでさえそうだったのだが）、ヨーロッパ戦争の「恐怖」がアメリカのブルジョアジーに軍国主義への嫌悪を吹き込むだろうと希望していた。だが、アメリカの政治にヨーロッパの事態が与えた現実の影響は、心理的な道に沿ってではなく、物質的な道に沿って進み、まったく正反対の結果をもたらした。

アメリカの輸出額は一九一三年には総額二四億六六〇〇万ドルだったのが、一九一六年には五四億八一〇〇万ドルというまったく信じがたい高さにまで跳ね上がった。[※] この輸出の最大部分はもちろん軍需産業にもとづいている。無差別の潜水艦攻撃が〔ドイツによって〕宣言されて以降、同盟諸国〔協商国〕への輸出――それは一九一五年時点で少なくとも三五億ドルものアメリカ商品を吸収していた[※※]――が急減したが、このことは、莫大な儲けの流入が減少することを意味しただけでなく、軍需産業にもとづいていたアメリカ産業全体を未曾有の恐慌で脅かすことを意味した。それゆえアメリカ資本は自国の国家に向けて次のように訴えたのである。「汝は――中立と平和主義の旗のもとに――軍需産業の発展を後押ししてきた。今ではわれわれに販路を確保しなければならない」。国家が、「海洋の自由」（すなわちヨーロッパの血で儲けることの自由）をただちに回復することを約束できなくても、息も絶え絶えの軍需産業のための新しい販路をつくり出すことはできる――アメリカそれ自身のうちにだ。こうして、ヨーロッパの大量殺戮に奉仕することは、アメリカ合衆国をただちに猛烈な勢いで軍国化することの必要性へと行き着いたのである。

※原注 "Monthly Summary of Origin Commerce of the U.S.", December 1916.

※※原注 アメリカはドイツとオーストリア＝ハンガリーには…一五〇万ドル未満しか輸出していなかった。この数字にこそ「共感」の配分の鍵がある。

この仕事は広範な人民大衆からの反対にぶつからないわけにはいかなかった。彼らの漠然とした不信を克服して、彼らを国家の愛国主義的事業のレールに引き込むことこそ、今年の最初の三ヵ月間におけるアメリカの国内政治の中心課題であった。そして、まさに歴史の皮肉としか言いようがないが、公式の「平和主義者」ウィルソンと「反政府派」の平和主義者ブライアン(3)とが、この課題を、すなわち大衆の軍国主義的馴化という課題を解決するための最重要の手段となったのである。

ブライアンは、世界政治や兵役や増税に対する農民《ファーマー》や一般に「小市民」の当然の反感にはなはだ騒々しい表現を急いで与えることにした。だがその一方で、国家のトップにいる平和主義的同僚たちに膨大な請願や陳情をせっせと届けつつも、ブライアンは、あらかじめこの請願運動の革命的切っ先をへし折っておくことに何よりも腐心していた。ブライアンはたとえば二月にシカゴで開かれた反戦集会への電報の中でこう述べている――「もし事態が戦争にまで至るなら、われわれはもちろんのこと、みな政府を支持するだろう。しかし、その瞬間までは、われわれの最も神聖な義務は、国民を戦争の恐怖から守るために、自分たちのなしうるすべてを行なうことである」。この短い言葉のうちには小ブルジョア平和主義のいっさいの綱領が含まれている。「自分のなしうるすべてを行なって戦争に反対する」が意味するのは、無害な示威的声明という形で民衆の怒りにはけ口を与えることであり、それでいて、政府に対しては、戦争になった場合には平和主義的反政府派の側からのいかなる障害にもぶつからないことをあらかじめ受けあっておくのである。

ウィルソンを筆頭とする公式の平和主義にとってはそれで十分であり、他に何も必要ない。ウィルソンは、戦争する気満々の資本に対して、自己の帝国主義的「戦意」をすでに十分証明している。ブライアン自身の声明にもとづくなら、彼の騒々しい反戦論を片づけるのにウィルソン氏に必要なのはたった一つのことだけである。宣戦布告することだ。まさにウィルソン氏はそう行動し、そしてブライアンは完全に政府陣営に移行した。小ブルジョアジーは、そして彼らだけではなく、広範な労働者大衆もこう自分に言い聞かせる。「われわれの政府が、ウィルソンのような誰もが認める平和主義者を筆頭にして宣戦を布告したのだから、そしてブライアン自身がこの問題に関して政府に与したのだから、これは避けがたい戦争なのであり、正義の戦争なのだ」…。以上ことから、どうして国家的デマゴーグの偽善的・クェーカー教的平和主義が金融的・軍需産業的経済界でかくも高く評価されるのかが理解できるだろう。

わが国のメンシェヴィキ的・エスエル的平和主義は、条件と形態のあらゆる外的相違にもかかわらず、本質的にまったく同一の役割を演じている。全露ソヴィエト大会の多数派によって採択された戦争に関する決議は、戦争に対する一般的な平和主義的非難から出発しているだけでなく、戦争を帝国主義的なものとして特徴づけることにもとづいている。できるだけ速やかに戦争を終結させるための闘争について、大会は「革命的民主主義派の最も重要な当面する課題」だと宣言している。しかし、これらいっさいの前置きは、ただ次の結論に至るためだけに持ち出されているのだ。「民主主義勢力の国際的努力によって戦争が終結するまでは、ロシアの革命的民主主義派の義務は、わが軍の戦闘能力を強化し、それを防衛的・攻撃的行動に振り向ける能力を維持することに全力をつくすことである」

古い国際協定を見直すことについてソヴィエト大会は、臨時政府にならって、同盟諸国の外交の自発的な同意にそれを依存させている。だが後者は、その本質そのものからして、戦争の帝国主義的性格を清算することを欲していないし、そうすることもできない。また、「民主主義勢力の国際的努力」については、ソヴィエト大会は、その指導者たちにならって、自国の帝国主義政府と最も密接な絆で結びついている社会愛国主義者たちの意志に依存させている。「できるだけ速やかに戦争を終結させる」という課題をめぐって、このような悪循環に自発的にはまり込んでいる大会多数派は、実践的政策の分野において、きわめて明確な結論に至っている。前線での攻勢がそれだ。小ブルジョア民主主義派を買収し規律づけて前線での攻勢を支持することへと導いている「平和主義」が、ロシアの帝国主義者のみならず、同盟諸国の帝国主義者からも最大級の好意を受けるのは明らかである。

ミリュコーフは言う。「同盟諸国と旧来の（略奪的）協定に忠実であるためには、攻勢が必要だ」。ケレンスキーとツェレテリは言う。「旧来の略奪的協定がまだ見直されていないかぎり、攻勢が必要だ」。根拠は違うが、政策は同じである。そして、ケレンスキーとツェレテリが政府の中でミリュコーフの党と不可分に結びついているのだから、それ以外ではありえない。したがって、事実上、ダンの社会平和主義は、ブライアンのクェーカー教的平和主義と同様、帝国主義に奉仕しているのである。

このような状況にあって、ロシア外交の主要な関心は、同盟諸国の外交に何かを拒否させたり何かを見直させたりすることではなく、同盟諸国の外交に、ロシア革命がまったく有望で…信用に値するとの確信を抱かせることにある。ロシアの領事バフメティエフ(4)は、六月一〇日におけるアメリカ連邦議会での演説の中で、まさにこのような観点から臨時政府の活動を特徴づけた。領事は次のように述べている。

…。

以上の状況からして明らかなのは、臨時政府の権力と意義は日々高まっているということ、そして、時が経てば経つほど、反動派の企図や極左の煽動から生じうる破壊と混乱の要素に対抗する政府の能力はますます高まっていくということである。現時点において、臨時政府は、この方向に沿った最も断固たる措置を取ることを決定しており、問題の平和的解決に向けて常に努力しているとはいえ、必要とあらば力に訴えるつもりである。

「革命的民主主義」の領事が、「秩序」――その主要な構成部分をなすのは同盟諸国の資本家に対する忠誠である――の名のもとにロシアのプロレタリアートの血を流させる用意がロシア政府にあることを、アメリカの金権政治家たちの議会に熱心に証明するとき、わが国の祖国防衛派の「民族的良心」がまったく安らかなままであることに疑いはない。

そして、バフメティエフが、帽子を手にアメリカの証券取引所の皮剥ぎ人たちの前で屈辱的な演説をしているちょうど同じときに、ツェレテリとケレンスキーは、「左からのアナーキー」に対抗するには武力を用いないわけにはいかないと「革命的民主主義派」に説明し、ペトログラード労働者および彼らと結びついた諸連隊を武装解除すると脅していたのである。周知のように、この脅しはこの上なく時宜にかなっていた。というのも、彼らは、ニューヨークの証券取引所からロシアが借款を得る上で最良の論拠を提供したからである。バフメティエフ氏はウィルソン氏にこう言うことができるだろう――「諸君も耳にしたように、われわれの革命的平和主義は諸君の証券取引所的平和主義と何ら異なるところはない。そして諸君がブライアンを信頼するのなら、この信頼をツェレテリに対して拒否する根拠はないはずだ」。

今や残されているのは次のように問うことだけである。ロシアの借款を保障するために、そしてそのことによって同盟諸国へのわが国のさらなる忠誠を保障するために、対外戦線と国内戦線においていったいロシア人の血と肉があとどれぐらい必要とされるのか、だ。

『フペリョート』第四号

一九一七年六月一七日

訳注

（1）ユウェナリス、デキムス・ユニウス（60-130）……古代ローマ時代の風刺詩人で、辛らつな皮肉で知られている。なお、彼は「健全なる身体に健全なる精神が宿るようにと願うべき」という言葉で有名だが、後にこの言葉は「健全なる身体に健全なる精神が（必然的に）宿る」と誤読されて普及し、ナチスによって悪用された。

（2）エストゥルネル・ド・コンスタン、ポール・アンリ（1852-1924）……フランスの外交官で政治家。常設の国際仲裁裁判所の提唱者で、一九〇九年にノーベル平和賞を受賞。

（3）ブライアン、ウィリアム・ジェニングス（1860-1925）……アメリカのブルジョア政治家で、民主党の指導者の一人。ブライアンは敬虔な長老教会派の信者であり、大衆民主主義の強い支持者であり、銀行と鉄道の厳しい批判者でもあった。平和主義者、禁酒法支持者であると共に、ダーウィニズムの反対者でもあり、アメリカのポピュリズム（人民主義）における最も著名なリーダーの一人。一九一三〜一五年、ウィルソン政権の国務長官としてアメリカの厳正中立を主張したが、対独方針をめぐって意見が対立し辞任。

（4）バフメティエフ、ボリス・アレクサンドロヴィチ（1880-1951）……一九〇六年からメンシェヴィキ。ケレンスキー政権時代における在アメリカ領事。十月革命後にその地位を利用して反革命勢力を精力的に支援。

トロツキー

攻勢とその推進者たち

（一九一七年六月二八日）

訳　西島　栄

攻勢が開始された。それは継続しているのだろうか？　今後も継続するのだろうか？　それについてわれわれには現時点ではまったくわからない。しかし、それは開始され――ちょうど攻勢政策に反対するペトログラードの労働者・兵士のデモ行進[1]と同じ日〔一九一七年六月一八日〕にだ――、おかげで社会主義大臣たちは、全露ソヴィエト大会の終わりに「フィナーレ」を飾るものとしてロシア革命における「転換点」についての宣言することができた。

攻勢が物質的側面からどの程度準備されていたかについては、われわれにはわからない。精神的側面に関して言うと、それは、戦争に関するソヴィエト大会決議によって準備された。そして、この決議の中では、政府与党である社会主義政党〔メンシェヴィキとエスエル〕のあらゆる欺瞞と立場の二重性とがその最終的表現を見出している。基本的に問題は、ケレンスキー氏が兵士たちに次のように言う権利を与えたという点にある。「諸君に命令する――前進せよ！」と。メンシェヴィキとエスエルはその決議によって、攻勢から必然的に生じる恐るべき犠牲をあらかじめ、そして完全に神聖化していた。しかし、人民にこのような犠牲を求める者は、断固とした明確ではっきりとした言葉を語らなければならない。しかし、そのようなものは大会の決議にはまったく見られなかった。それは、平和主義的な多弁を弄しており、そのような曖昧さは「攻勢」という帰結を覆い隠すことにのみ役立つ。しかし、まさにこのような帰結こそが、そしてそれだけが現実的な意味を持つのである。なぜなら、それこそが、ケレンスキーに、そのエスエル的・大臣的・劇場的言語でもって、「諸君に命令する――前進せよ！」と宣する可能性を与えたからである。

一定の内的軋轢を経た後で――これについては公式の情報筋も言及している――、軍隊は前進を開始した。この軋轢が何をめぐるものなのか、それがどのような規模と先鋭さをもったものなのか、われわれにはわからない。しかし、その代わりわれわれがはっきりと知っているのは、臨時政府が、この軋轢を準備し拡大し深刻化するために、なしうるあらゆることをなしたことである。臨時政府は、戦争目的や旧協定の見直しという問題を無力で偽善的な外交的レトリックを使って議論し、そうすることで旧来の目的――今ではいわゆる「革命的民主主義」の名のもとにそれを支持するよう兵士たちは要請されている――に対する兵士の信頼をすっかり掘りくずした。そして、三年にわたる戦争の経験と四ヵ月にわたる革命の経験の後で、ソヴィエト大会の曖昧で慎重な決議によっても、あるいは、半社会主義的半大臣たちの安っぽい大言壮語によっても、すべての兵士を納得させることができていないとすれば、敬虔な新聞に残されているのはいつもの試されずみの手段だけである。革命的社会主義者全般、とりわけボリシェヴィキに対する十字軍遠征を「〔上流〕社会」に要請することである。

「攻勢は必要性によって命じられたものである」と、大臣の中のキンタール派たるチェルノフ氏〔チェルノフはキンタールで開催された国際主義者の反戦会議に参加した〕は言った――「ロシア軍は受動的にヒンデンブルクの攻勢を待ちうけるわけにはいかない」(2)。だが当局は、この三年間に何度となく、塹壕戦においては防衛は攻撃よりも比較にならないほど多くのチャンスがあるとわれわれに語っていたのではないか。実際、フランス戦線においてわれわれが目にしてきたのは――軍にとってのいかなる損失もなしに――長期にわたる膠着状態ではないのか。とはいえそれでもチェルノフ氏の言うことが正しいと仮定してみよう。それは何を意味するだろうか？　臨時政府の政策――経済的・政治的・外交的な衰弱の政策――からの活路はただ一つ、戦略的攻勢だけだということだ。しかし、半社会主義的半大臣を伴ったブルジョア政府にとって客観的な「必要性」であるものは、真に革命的な民主主義にとっての政治的必要性ではけっしてない。後者は、六月一八日の攻勢に対する責任を引き受けることはできないし、引き受けなかった。

ツェレテリ氏は、その政治的視野の狭さゆえに単純きわまりない政策への最大級の適応能力を持つようになった人物だが、その彼は、全露ソヴィエト大会の場でこう宣言した。攻勢は、帝国主義――ロシアの帝国主義、同盟諸国〔協商国〕の帝国主義、ドイツの帝国主義――に対する強力な打撃であり、そういうものとして、ドイツの国際主義者を含むすべての国際主義者によって歓迎されるべきものである、と。保守的なプチブルであるこの「国政家」はどうやら、自分が、大戦初期にフランスの政治市場で流通していた陳腐な空文句を繰り返しているとは考えもしなかったようだ。背教者ブリアンは、フランスの兵士は自由と民主主義のために戦っているのだと主張した。それに対してわれわれはこう問うた。ツァーリの軍隊と手に手をとっていったいどうやってそんなことができるのか、と。そして、「ツィンメルワルト派」のツェレテリが、ロシア軍は帝国主義と戦っていると語るとき、われわれはこう問うだろう。イギリス、アメリカ、イタリア、フランスという帝国主義諸政府と手に手をとって、いったいどうやってそんなことができるのか、と。いずれにせよ、かつて帝国主義の不倶戴天の敵だとみなされたことのないロイド＝ジョージ、リボー、ウィルソンは、ロシア軍による攻勢を熱狂的に歓迎したのであり、このことは、その攻勢が…けっして彼ら〔英米仏の帝国主義〕に対立するものではないことを証明している。ロシアのすべての反動勢力――『ノーヴォエ・ブレミャー』派、「共和主義センター」、種々の黒百人組の「連盟」、カデット党の新聞雑誌――はこの「反帝国主義的」攻勢なるものを、革命の終わりの始まりとして公然と歓迎した。愛国派のデモ行進、すなわち、社会主義者たちに暴行を加えたこの行進は、ケレンスキーの肖像をくりつけた三色旗を掲げていた。これは何か？ 誤解か？ そして、ケレンスキーの政策に対するペトログラードの革命的前衛の敵意もまた誤解なのか？ むしろ、半社会主義的半大臣たちの革命的美辞麗句が誤解なのであって、実際にはまったく別の目的に奉仕していると言うべきではないのか？

ウィルソン

攻勢が偶然、〔ペトログラード・ソヴィエトの〕デモ行進の日と一致したのか、それとも、このデモ行進が、ソヴィエトによって意識的に攻勢の開始日に設定されたのかは、どうでもよい。ブルシーロフ氏〔ロシア軍の最高司令官〕の対外戦略とリヴォフの国内戦略とが結びついていることは、ツェレテリにとってあまりにも明らかなことだった。そしてこの点でも独創的なことは何もない。たとえば、つい最近においても、ミラノやその他の場所での大衆的な反軍国主義的メーデー行進の後、イタリア政府は攻勢の先鋭な必要性を感じ取った。この点については、『ノーヴァヤ・ジーズニ』の一通信員が次のように書いているとおりである。

ブルシーロフ

ミラノのデモ行進の直後に、戦争介入派（祖国防衛派、あるいはより正確に言えば攻勢派）のグループは、国内の敵に対する「強固な権力」の政策を求めて行動を開始した。同じ頃、ビッソラーティ[3]（イタリアのツェレテリ＝ケレンスキー）は前線に出向き、しばらく後に、大々的に攻勢を開始した。勝利によって「戦意を高揚させる」ことが必要だと。勝利は戦争の二周年目に一致することになったが、花火はたちまち尽きた。オーストリアの反撃は、巨大な犠牲を払って獲得した成果をほとんど無に帰させた。

オーストリアとドイツの反撃がわが国の前線ですでに起こっているかどうかはわれわれにはまだまったくわからない。それは、ブルシーロフの攻勢の今後の運命がわからないのと同じである。しかし、現時点でもすでにわれわれにとって疑問の余地がないのは、この革命的「攻勢主義」は、ロシア人民大衆の、そして何よりも軍隊そのものの幻想の歴史において最も短い章

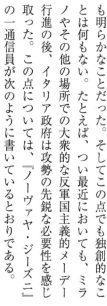

になるだろうということだ。攻勢をいっさいの問題を真正面から先鋭に提起した。われわれは、労働者が、そして彼らとともに軍隊がそれに与える回答を恐れないだろう。

『フペリョート』第五号
一九一七年六月二八日

訳注

(1) ペトログラードのデモ行進……ボリシェヴィキは一九一七年六月一〇日にデモ行進を行なう予定であったが、全露ソヴェト大会はこれを禁止する決定を採択。ボリシェヴィキ党の中央委員会はソヴェト大会の決定に服し、デモ行進を取りやめ、ソヴェト大会自体がデモ行進の日に予定した六月一八日に合流することにした。ソヴィエトの多数派(メンシェヴィキとエスエル)はこのデモ行進を政府支持のデモ行進にしようとしたが、その日に参加した約五〇万のペトログラードの労働者と兵士の圧倒的多数はボリシェヴィキと国際主義派のスローガンを掲げて行進した。

(2) ヒンデンブルク、パウル・フォン(1847-1934)……ドイツのユンカー出身の軍人。第一次世界大戦中は参謀総長として戦争を指導し、国民的人気を博す。一九二五年に大統領に。一九三三年一月にヒトラーを首相に任命。

(3) ビッソラーティ、レオニーダ(1857-1920)……イタリアの社会主義者で国会議員。一八九二年のイタリア社会党創立に参加するも、その後改良主義に移行し、一九一二年に社会党を除名され改良派社会党を設立。第一次世界大戦中はイタリアの参戦を支持し入閣。

トロツキー

戦争に関するテーゼ

（一九一七年六月二八日）

訳　西島　栄

1、戦争の全般的性格

ロシア革命はこれまでのところ戦争の性格をまったく変えていない。ツァーリズムのすべての古い軍事的・外交的・金融的義務を承認し、ツァーリズムの旧来の同盟諸国と一体になっていることで、ロシア革命は、ミリュコーフ＝グチコフの政府ではなくリヴォフ＝テレシチェンコの政府によって指導されつつ、二つの帝国主義グループの血塗られた争闘に自らを――従属的勢力として――引き入れたのである。

革命が軍隊をその深い内的な発酵と再編の過程にさらしつづけているかぎり、革命は軍隊を帝国主義戦争の要因としては極端に弱体化させるものであった。したがって、この戦争におけるロシアの役割は本質的に変わらなかったし、ただ同盟諸国への依存をいっそう深めただけでのことであった。

ロシアを取り巻く国際情勢全体の抜本的な転換がな

く、そして、ヨーロッパ帝国主義の震源地と最も密接に結びついた資本主義的諸階級の代表者たちの手中に権力が維持されているかぎり、軍の戦闘能力を――革命の独立した力としてではなくて、革命的軍隊にとって疎遠で敵対的な帝国主義的計画（そのカギはイギリスとアメリカの資本家の手中に握られている）の武器として――高めようとするあらゆる試みはすべて、何よりも軍隊の革命的・民主主義的精神を打ち砕こうとする志向のうちに必然的に表現され、それは事の本質そのものからして反革命的性格を持つ。

ロイド・ジョージ

Ⅱ、外交活動

臨時政府の外交活動は、革命以前の諸義務という鎖にがんじがらめにされているロシアの対外政策に部分的な修正を加えることに向けられており、すでにその完全な破綻を暴露している。

労働者・兵士代表ソヴィエトによって提起され、臨時政府によって形式的には受け入れられた、無併合・無賠償、民族自決の保障という講和綱領は、最も断固とした革命的手段を適用する場合のみ、そして、帝国主義的諸階級に反対するヨーロッパ労働者大衆の闘争の旗としてのみ、本来の意義を獲得することができる。資本主義政府の口から似たような定式が叫ばれているが、これは最も嫌悪すべき嘘である。臨時政府の外交覚書に対する同盟諸国の回答は、民主主義的定式に対する自覚的で首尾一貫した帝国主義者の側の露骨な侮蔑を示すものであった。この定式が、リボー、ロイド＝ジョージ、ウィルソンらによってはっきりと拒否されなかったのは単に、真の戦争目的に関して、目覚めつつある人民大衆をだますことに役立つと――これまで何度となく役立ってきたように――考えたからにすぎない。他方で、各国の国民に対する労働者・兵士代表ソヴィエトの訴えは、ソヴィエト自身が臨時政府を通じて世界の帝国主義連合の一つ〔協商国〕に自ら進んで入り、その構成要素になっているかぎり、革命的効果を引き起こすことはできない。ロシアの外交筋はギリシャやアルバニアに対する暴力におそるおそる半抗議をしているが、このような政策は、ペルシャに対するロシア自身の暴力が継続している状況のもとでは、また同盟諸国によるその他のあらゆる帝国主義的活動と共犯関係にある状況のもとでは、全世界の労働者大衆の目から見て、ロシア革命の名誉を絶望的に失墜させ、ヨーロッパ革命の発展を妨げることができるだけである。だが、このヨーロッパ革命なしには、戦争を民主主義的に清算してロシア民主主義の事業を救うための手段も方法も存在しないのだ。

Ⅲ、攻勢

以上特徴づけてきた臨時政府の政策は、軍事行動の成功可能性を根本的に掘りくずすものである。ところが政府はまさにこの軍事行動を自らの当面する目的として設定しているのだ。

攻勢の物質的な前提条件ははなはだ不利である。軍隊への物資供給組織は、経済の全般的崩壊状態をそのまま反映しており、それに対抗する上で、現在の構成のもとでの政府は、ただの一つも抜本的措置を取ることはできない。

攻勢の精神的前提条件はなおいっそう不利である。臨時政府は、全国民の眼前で公然と、旧来の諸協定と戦争目的の見直しという問題を提起することを余儀なくされた。それと同時に政府は、この根本問題において、同盟諸国の政府から譲歩を獲得することがまったくできないこと、ロシアが帝国主義的同盟諸国の意志から独立して自らの政策を決定することができないことを、軍隊の面前で暴露した。軍隊がますます解体していったことはその結果であり、そうでしかありえなかった。臨時政府自身がそのあらゆる行動を通じて軍隊に次のような考えを吹き込んだのだ。旧来の戦争目的は、攻勢によって求められるであろう血の貢ぎものを正当化することはできない、と。

兵士の大量脱走は、軍隊それ自身にとって破滅的であり、革命にとってもはなはだ有害だが、しかしながらそれは、現在の条件のもとでは、個々人の意志の欠陥の単純な結果であることをやめるのであり、それは、目的の内的統一性によって革命的軍隊を結束させる上での政府の完全な無能力を表現するものになっている。

ロシアの有産階級は、戦争を最後まで遂行することを呼号しながら、同時に戦争を事実上ボイコットしており、それどころか「自由の公債」にさえ応募しようとしてしない。このようなロシアの有産階級の抵抗を前にして不決断のままにとどまることによって、また、以前と同様、戦争のせいで起こっている前代未聞の略奪行為を優柔不断にも大目に見ることによって、さらに、地主の土地所有を即時に廃絶しないことによって、すなわち、最も後進的な農民にとって、この革命が自分たちの革命であり、他のすべての手段が尽きたなら武器を手にしてでもこの革命を守らなければならないと確信できる唯一の措置を実行しないことによって――臨時政府は、脱走行為を前にして無力であり、脱走兵に対して、さらにはその家族に対してさえ、過酷な処罰を課すことに訴えている。

このような物質的・精神的条件においては、攻勢は必然的に冒険的性格を帯びないわけにはいかない。軍隊の各部隊は相互に先鋭に対立するようになり、したがって、軍隊の内的結びつきを完全に破壊することになるだろう。

Ⅳ、結論

戦争と平和の問題を解決することは、革命ロシアにとって、国内生活のあらゆる基本的諸問題を解決することと同じ線上にある。革命を最後まで遂行することだけが、すなわちそれを勤労大衆の革命に転化し、権力を労働者・兵士代表ソヴィエトの手に移すことだけが、軍隊の必要な内的結びつきをつくり出すことができるのであり、それを生命力を持った有機体にすることができるのである。そしてこの途上においてのみロシア革命は、西欧の革命に強力な刺激を与えることができるのであり、それが戦争を清算する唯一確実な方法なのである。

以上のことから次の結論が出てくる。

1、同盟諸国の帝国主義者とのツァーリの古い協定を今後も承認しつづけることは、ドイツ帝国主義と単独講和を締結するのと同じぐらい、革命の利益にとって破滅的であり、同じぐらいその名誉と両立するものではない。

2、同盟諸国の帝国主義者に向けたロシア政府の無力な説教は、いかなる実践的結論も生み出すことのできないものであり、それは先送りと足踏みの政策を続けることを意味し、軍隊と民主主義を解体し、ロシア革命の政治的・道徳的権威を掘りくずす。

3、ヨーロッパ諸国民に対する労働者・兵士代表ソヴィエトのあらゆる訴えは、ロシアの対外政策が資本家階級の手中に握られたままであることによって麻痺させられている。それは、労働者・兵士代表ソヴィエトの訴えと直接矛盾するような行動を取っている同盟諸国の外交と密接に結びついている。

4、ロシア人民にとっての唯一の活路は、ロシア革命のいっさいの外交的・軍事的政策の完全な独立性を公然と宣言することであり、権力を持たない組織の名においてではなく、革命権力の名においてヨーロッパ諸国民に、民主主義的講和のために自国の帝国主義者と闘争するようただちに訴え、この道を進む国民を全力で支援することを約束することである。

5、以上指摘した前提条件が実行される場合のみ、ロシア革命は軍隊と人民とのあいだに揺るぎない内的絆をつくり出すだろうし、軍隊が、必要とあらば、そのすべての力を運命の秤皿に投げ込むことを可能にするだろう。

6、このようにロシアを帝国主義陣営から離脱させ、ロシア軍をヨーロッパ革命（それがどこで勃発するにせよ）の能動的な支柱に転化させること、このことだけがヨーロッパ諸国の政府をして――自国自身の労働者大衆の蜂起という妖怪に怯えて――、勝利したヨーロッパ革命が帝国主義の犯罪的支配に終止符を打つ以前にさえ民主主義的講和を結ぶことを余儀なくさせるだろう。

『フペリョート』第五号
一九一七年六月二八日

「永続革命としてのロシア革命」Ⅲ

森田成也

【編者解題】二〇一七年七月から一〇月にかけて、トロツキー研究所とアジア連帯講座との共催で、ロシア革命一〇〇周年を記念して、「永続革命としてのロシア革命――マルクス・エンゲルスからトロツキー・グラムシまで」と題する連続講座が行なわれました。この四回にわたる講義記録の全体はあまりにも膨大なものになるので、その中で、ロシア革命を直接のテーマとしている第三回目と第四回目の講座に報告者自身が加筆修正を施したものを今号と次号に分けて掲載します。

Ⅲ、ロシア・マルクス主義の成立から一九〇五年革命まで

1、もう一度、晩期マルクスのロシア論について

晩年マルクスのロシア論は、何が問題で、何が根本的に間違っていたのか、この点を改めて理論的に確認しておきます。

晩期マルクスにおけるロシア論の混迷

まず一つ目は、階級的主体なきロシア革命論になっていることです。「『祖国雑報』編集部への手紙」(一八七七年一一月)や「ザスーリチへの手紙の草稿」(一八八一年二~三月)では、ロシア革命の展望について語られていますが、どの階級がその主要な担い手になるのかという階級主体論がまったく欠如していきます。かろうじて出されているのは、「ザスーリチへの手紙の草稿」の第一草稿において削除された部分の中で、ロシア革命の担い手として「ロシア社会の知性ある部分」と言っている箇所です。しかしこれでは典型的にインテリゲンチャが階級を代行して革命を上から行なうというエリート主義的理論でしかなく、労働者階級の解放は労働者階級自身の事業であるマルクス主義の根本命題を自ら否定しています。

二つ目はそのロシア論がかなり抽象的で空想的な複合発展論になっていることです。マルクスは、そのドイツ革命論ではドイツ社会の具体的分析に基づいた現実的な複合発展論をとっていたのに対して、ロシアに関しては、たしかに一種の複合発展論ではありますが、空想的できわめて一面的な発展論になっています。つまり、ロシアの伝統的な農村共同体と西欧の最新の資本主義的成果とが単純に結合することであたかもロシアに共産主義が実現するかのような議論になっているのです。

三つ目に、今後のロシアの発展パターンに関して、かなり極端な歴史的二者択一が提起されていることです。「『祖国雑報』編集部への手紙」では、ロシアがもしこのまま資本主義的発展を続ければ、農村共同体の大部分が解体され、農民の大部分が収奪された挙句に他の資本主義国と同じ道を歩むことになるというパターンと、西欧とまったく異なった道、すなわち「ひとつの革命」を通じて農村共同体への悪影響が取り除かれ、広範な農村共同体が共産主義の基盤になるというパターンです。

実際にはそのどちらも間違いです。一方では、ロシアの大部分の農村共同体が収奪されなくても、したがって農民の大部分が収奪されなくても本格的な資本主義化は十分可能であるし、他方では、農村共同体がそのまま維持されて、ロシア外部からの単なる技術的援助だけでそれが共産主義の基盤になるという見通しもまったく空想的です。真理はこの両極端の中間にこそあるのであって、実際ロシアはその道を歩んだわけです。晩年のマルクスのロシア論には、このような真に現実的な発展の可能性を探求するという姿勢はまったくありませんでした。最近、晩年のマルクスの農村共同体論がやたらと賛美される傾向が見られますが、まったく周回遅れもはなはだしいと言うべきでしょう。

このような抽象的な歴史的二者択一論は、同時に抽象的で極端な地理的二分法論と結びついています。フランス語版『資本論』の「本源的蓄積」編（この部分は一八七五年に出版）では、ドイツ語版と違ってイギリスにおける農民収奪の歴史があたかも西ヨーロッパに限定されているかのように書き換えられています。後にマルクスは「『祖国雑報』編集部への手紙」や「ザスーリチへの手紙」の中で、この変更に言及することで、イギリス型の本源的蓄積過程が西ヨーロッパ限定であることを強調しています。こうして、「本源的蓄積」の過程は、西ヨーロッパとそれ以外に地理的に二分されたわけです。実はこれもおかしな話であって、まず西ヨーロッパがすべて同じ道を歩むわけではありません。実を言うと、このことはマルクス自身がフランス語版『資本論』でも言っているんですね。ところが、マルクスは「『祖国雑報』編集部への手紙」でも「ザスーリッチへの手紙」でもこの重要箇所についてはー言も触れていないし、その後、これらの手紙を取り上げた多くの研究者もほとんど触れていません。そこでこの点についてやや詳しく見てみましょう。

フランス語版『資本論』の改定の意味

まずドイツ語版の「本源的蓄積」章の第一節の最後

の部分では「農村の生産者すなわち農民からの土地収奪は、この全過程の基礎をなしている。この収奪の歴史は国によって違った色合いをもっており、この歴史がいろいろな段階を通る順序も歴史上の時代も国によって違っている。それが典型的な形をとって現われるのはただイギリスだけであって、それだからこそわれわれもイギリスを例にとるのである」（『資本論』第一巻第二分冊、大月書店、九三五〜九三六頁）となっていました。この部分は一八七二年に出された第二版と同じです。ここでは「色合い」「歴史的順序」「いつの時代に経過するか」が各国によって異なるとされています。

次に、一八七五年に出されたフランス語版『資本論』の当該箇所を見てみましょう。そこでは当該箇所は、「この進化全体の基礎は、耕作民の収奪である。この収奪が根底的になしとげられたのは、いまなおイギリスだけである。だが、西ヨーロッパの他のすべての国も同じ運動を通過する。ただしこの運動は、環境に応じて地域的色合いを変えるか、あるいはもっと狭い範囲に閉じ込められるか、あるいはさほど目立たない特徴を示すか、あるいは異なった順序をたどる」（『フランス語版資本論』下、法政大学出版、三九六〜三九七頁）となっています。

このようにフランス語版では、まず「西ヨーロッパの他のすべての国も同じ運動を経過する」というように「西ヨーロッパ」という限定を入れた上で、さらにドイツ語版の「色合い」や「歴史的順序」と並んで、さらに「もっと狭い範囲に閉じ込められる」場合（範囲の限定）や「さほど目立たない特徴を示す」（度合いの限定）という外延的・内包的限定が付け加えられています。

このような限定さえ付け加えれば、実は、そもそも農民の土地収奪過程を「西ヨーロッパ」に限定する必要はなかったのであり、実際、ロシアの資本主義的発展では農民の土地収奪が「より狭い範囲に閉じ込められた」典型的なパターンだったわけです。逆に、このような社会的限定を加えておきながら、西ヨーロッパという地理的限定をさらに加えるということは、西ヨーロッパ以外では、農民の土地収奪が「もっと狭い範囲内に閉じ込められる」こともなければ、「さほど目立たない特徴を示す」こともないぐらいに完全に西ヨーロッパ型とは異なる発展経路をたどるということになります。これはまったく極端で非現実的な地理的二分法です。

2、ロシア・マルクス主義の生成——革命的ナロードニズムからマルクス主義へ

さて次にいよいよロシア・マルクス主義の話に入ります。

革命的ナロードニズムとテロリズム

ナロードニズムとは、一八四八年革命敗北の衝撃を受けて、西ヨーロッパ型の発展に幻滅して、ロシアの伝統的なミール共同体を基盤にして、資本主義段階を飛び越して、直接、共産主義に移行することが可能だし、そうするべきであると考えた亡命知識人を中心とする思想的潮流を指します。この潮流はこの理想を実現すべく、その後、ロシア国内で、「人民の中へ（ヴ・ナロード）」として農村共同体に大量に入っていって、農民を啓蒙しようとしました。この思想は同時にバクーニン主義の影響も受けていて、「政治」に関わるのはブルジョア的誤りであって、全人民の下からの暴動・反乱によって国家を吹き飛ばし、農村共同体の下からの自治連合によって「共産主義」を実現するという考えも持っていました。

しかし、このナロードニズム運動は農村ではほとんど受け入れられず、逆に活動家が農民によって警察に突き出される始末でした。そして、彼らは国家と警察によって徹底的な弾圧を受けます。こうした苦い経験を経て、ナロードニキたちの中の革命的部分は、必然的に政治に無関心でいられなくなり、農民に共同体

的土地所有を保障するという従来の目標を堅持しつつも、政治の拒否路線を捨てて、ツァーリ専制政府の打倒を必要不可欠の任務であると考えるようになります。彼らが結成した「土地と自由」という組織の名称は、まさにこの二つの目標を端的に示すものでした。しかしこの組織はやがてテロリズムをめぐって、テロを組織的に追求する「人民の意志」派と、テロを部分的に承認しつつも基本的には従来どおりの農村や都市でのプロパガンダ活動を重視する「黒い割替」派に分裂します（後者が後にロシア・マルクス主義の基盤となります）。

「人民の意志」派の組織的テロリズム路線は一八八一年にツァーリの暗殺成功という華々しい成果を挙げた後に、徹底的な弾圧を受けて崩壊することになりますが、それでもこの一段階はナロードニズムの中からマルクス主義の潮流が出現する上で重要な役割を果たしました。

まず第一に、ナロードニキの路線を非政治主義から直接的な政治闘争へと大きく転換しました。それはテロリズムという一面的な形態を取ったのですが、この極端さはこれまでの非政治主義をできるだけきっぱり清算するうえで重要な意味を持ちました。レーニンが言うように、曲がった棒をまっすぐにするには、逆方向に曲げすぎなければならないわけです。

二つ目に、この路線はロシアで革命闘争をするうえで強力な中央集権的組織を結成することの必要性をロシアの革命家に教えました。ツァーリ専制下では、単なるプロパガンダ団体ではだめで、明確な綱領と確固とした指導部を持った中央集権的な組織が必要であるという教訓の、最初の実践形態だったわけです。

三つ目に、ナロードニキたちは、その農村中心主義に反してテロ活動のための活動の拠点を農村から都市に移動させざるをえませんでした。というのも、ツァーリ自身や、また政府や行政機関の指導層がいるのは都市であって、農村ではないからです。そして、都市部においてテロへの支持を訴えるとなると、当然、その対象は主として労働者にならざるをえません。「人民の意志」派の当時の檄文や宣言の中には、労働者に直接訴えたものがいくつもあります。こうして、その理論に反して、結果的に労働者階級に活動の重心を移すことになったわけです。

四つ目に、実際ツァーリ暗殺に成功するも、それによって壊滅的な弾圧をくらいますが、ツアーリの存在は絶対ではないという確信を先進的人民の中に広げるとともに、しかし個人の暗殺では社会の変革は不可能であることをも革命家たちに教えます。というのも、暗殺されたアレクサンドル二世の代わりに皇帝になったアレクサンドル三世は父親以上に頑迷で保守的で残酷だったからです。個人的テロ以外の道を選択しなければならないということが革命派にとって明らかになりました。結局、この路線は最終的にナロードニズムの壊滅をもたらして、ナロードニキの中のマルクス主義に親和的な人々の政治的自立を促します。その筆頭がプレハーノフとザスーリチでした。

ナロードニズムからマルクス主義へ

プレハーノフは、「人民の意志」派の壊滅の後、亡命地のパリやジュネーブなどで毎日のように図書館に通って、マルクス主義や哲学や経済学、人類学や近代史について猛烈な研究を行ないます。まさにマルクスが一八四八年革命敗北後に亡命地のロンドンの大英博物館でそうしたようにです。彼はそのような猛勉強を通じて自らの力でマルクス主義を再発見し、史的唯物論の正しさを確認するわけです。彼は教条的にマルクス主義を受け入れたのではなく、現実の歴史それ自身のうちに史的唯物論を再発見し、哲学の具体的な発展史のうちにマルクス主義へと至る必然的な道筋を見出したのです。

こうした転換の過渡期にあたるのが、プレハーノフが訳した一八八二年ロシア語版『共産党宣言』です。プレハーノフは『共産党宣言』を訳す中で、この『共産党宣言』のドイツ革命論のうちに、とりわけ、遅れて資本主義的発展を開始したドイツではブルジョア民主主義革命がプロレタリア革命の序曲になるという論理のうちに、ロシアにおける革命の展望を考える上でのヒントを見出します。このロシア語版には例の有名なマルクスとエンゲルスの共同序文が掲載されていますが、この序文とともにプレハーノフの序文も掲載されています。そこには皮肉なことに、マルクスとエンゲルスの序文が両者のナロードニキへの接近を示しているのとは反対に、ナロードニキから分離とマルクス主義へと接近過程が示されているわけです。

最終的にプレハーノフは、一八八三年にマルクス主義者となり、「労働解放団」を結成するとともに、その最初の事業として「現代社会主義叢書」の発行を開始し、その第一弾として『社会主義と政治闘争』を出版します。これは非常に短い小冊子でしたが、これに対してナロードニキから攻撃と反論を受けたので、プレハーノフはそれに答えて、はるかに分厚い反論の書、『われわれの意見の相違』(一八八五年)を出版します。これはほぼ全面的にナロードニキの理論を反駁したものであり、レーニンを含め、ロシア・マルクス主義の新しい世代をまるごと教育する上で決定的な役割を果たしました。同じく、ヴェラ・ザスーリチの「エンゲルス『空想から科学へ』ロシア語版序文」やプレハーノフが第二インターナショナルの創立大会で行なった演説(一八八九年)なども非常に重要です。これらのロシア・マルクス主義の第一世代の優れた諸文献は、ナロードニズムの混迷と隘路を突破して、ロシアの革命家たちにとるべき道をはっきりと示したのです。プレハーノフを中心とするこの第一世代の偉大な巨人的努力なしには、レーニンもトロツキーも存在せず、したがってもちろんロシア革命もなかったでしょう。

3、ロシア・マルクス主義者による隘路の克服

ロシア・マルクス主義に対しては多くの偏見がありますので、ここではっきりとロシア・マルクス主義者

の立場が晩年のマルクスのロシア論の混迷を乗り越える内容を持っていたことを強調しておきたいと思います。晩年のマルクスのロシア論に見られる複合発展史観に対してプレハーノフらロシア・マルクス主義者がロシアにおける単線発展史観を対置したかのような見方がしばしば見られますが、そうではなく、晩年のマルクスの抽象的で極端で非現実的な「複合発展」論に対して、プレハーノフらは現実的で具体的な本来の複合発展論を対置したのです。

プレハーノフにおける複合発展論とロシア革命論

マルクスが、ロシア全体を農村共同体が存続している地域としてひとかたまりのものとしてとらえ、それと西欧の高度な技術との結合を展望しましたが、プレハーノフはロシアそれ自身における発展の不均等性を的確に捉えていました。そしてプレハーノフは、別にロシアの農村共同体がすべて解体しなければロシアで資本主義が発展しないなどというような極論をとっていたのではなく、ロシアの農村共同体の解体過程そのものが不均等に進み、それがいち早く解体していった都市部近郊の農村共同体からプロレタリアートが輩出されていき、それを基礎にして、専制政府の上からの産業育成政策とあいまって資本主義が本格的に発展することは可能であり、すでにそうなりはじめていると考えました。もはや、農村共同体をまるごと維持しつつ、資本主義をバイパスして共産主義へと飛躍する道はすでに閉ざされたのです。そして農村共同体の部分的解体によって輩出されたこの若いプロレタリアートに基づいて専制政府に反対する政治闘争を遂行して、専制を打倒することは可能である。そして、すでに西欧では資本主義が十分に成熟していて社会主義勢力が発達しているので、ロシアで農村共同体が解体しつくすずっと前に、西欧社会主義革命の助けを借りて、ロシアでは社会主義に移行することができる、と。このように、プレハーノフは、晩年のマルクスのような極端な歴史的二者択一論でも極端な地理的二分法論でもなく、歴史発展の中間の道を展望するとともに、ロシアそれ自身の内部における不均等複合発展を展望していたわけです。

したがって、プレハーノフの革命論も単純な二段階革命論ではありません。最初は絶対主義を倒すブルジョア民主主義革命を遂行した後に、西欧資本主義国家のように長期にわたる資本主義的発展の過程を経てからようやく社会主義革命の時代が到来すると考えたのではなく、マルクスの『共産党宣言』におけるドイツ革命論に学んで、ロシアにおけるブルジョア民主主義革命は、『共産党宣言』時点における西欧諸国よりもはるかに資本主義と社会主義勢力が発展した状況の中で遂行されるので、それはドイツ以上にロシアにおけるプロレタリア革命の序曲になると主張しています。たとえば典型的には以下の部分です。

　このように、一方では政治的自由をめざす闘争、他方では未来の自主的、攻撃的役割のための労働者階級の準備的教育、これらこそが、われわれの意見によれば、現在ただ一つ可能な「党の課題の提起」である。絶対主義の転覆と社会主義革命のような本質的に異なった二つの事柄を一つに結びつけ、社会発展のこれらの契機がわが祖国の歴史においては同時に起こるであろうという考えで革命闘争を行なうこと、これは二兎を追って一兎も得ないことを意味する。しかし、これら二つの契機を近づけるのはわれわれしだいである。われわれは、宣言の言葉によれば、「ブルジョアジーが革命的に行動するときには、ブルジョアジーと共同して絶対君主制と」闘い、同時に「ブルジョアジーとプロレタリアートの敵対的な対立についてのできるだけ明瞭な意識を労働者のあいだに作り出すことを一瞬も怠らなかった」ドイツの共産主義者の立派な手本に習わなければならない。このように行動しながら、共産主義者は「ドイツのブルジョア革命はプロレタリア革命の直接の序幕となる」ことを望んでいた。
　ブルジョア社会の現状および各文明国の社会的発展

に対する国際関係の影響は、ロシアの労働者階級の社会的解放が絶対主義の崩壊のすぐ後に続くことを期待する権利をわれわれに与える。もしドイツのブルジョアジーが「やって来るのに遅すぎた」とすれば、ロシアのブルジョアジーはさらに遅れ、その支配は長く続かないだろう。ロシアの革命家は今度は、今やすでにまったく時宜に適した、緊要なものになっている労働者階級の準備的教育の事業を開始するのが「遅すぎない」ようにすることだけが必要である。(プレハーノフ『社会主義と政治闘争』国民文庫、一〇四~一〇五頁)

このようにプレハーノフは一方では、ナロードニキ流に専制の転覆と社会主義革命の実行とを同時に、ないしほとんど同時に行なおうとする傾向を批判しつつ、しかし、西ヨーロッパのように、ブルジョア的発展の時代が何十年も続くとは考えておらず、この二つの契機(「絶対主義の転覆と社会主義革命」)とを接近させることはできるし、そうしなければならないと主張しているわけです。

この点から和田春樹氏などは、この時点でのプレハーノフの理論を二段階連続革命論であるとさえ言っているぐらいです。もちろんこれは過大評価であり、プレハーノフはあくまでも二段階不連続革命論だったのですが、二つの段階の間の期間は西欧の場合よりもはるかに短くてすむと考えていたのです。したがって、ロシアで社会主義革命が成功した暁には、農村共同体はまだ広範に残っているだろうから、そのときにはこれらの農村共同体をナロードニキのように社会主義建設の基盤になりうると考えました。たとえば、この点で、プレハーノフと完全に考えを共有していたザスーリチは次のように述べています。

ロシアの最も近い将来は資本主義の成長のもとにあるが、最も近い将来のみである。共同体の完全な解体のときまで資本主義が存続していることはないだろう。ロシアの現在の経済発展はあまりにも密接に西ヨーロッパの発展と結びついているが、その西ヨーロッパではすでに資本主義の寿命は尽きつつある。西方での社会主義革命はヨーロッパの東方においても資本主義に引導を渡すだろう。その時にこそ、農村共同体制度の残滓はロシアに偉大な貢献をなすだろう。（ザスーリチ「エンゲルス『空想から科学への社会主義の発展』序文」（一八八四年はじめ））

実際、一九一七年の時点でも、農村共同体は六割ぐらい残っていたので、まさにプレハーノフやザスーリチの見通しどおりに事態は進行したのです。

ロシア・マルクス主義の本質

ここでロシア・マルクス主義の本質についてもう少し一般的に論じておきましょう。

まず第一に、ロシア・マルクス主義そのものが不均等複合発展の産物であるということを押さえておく必要があります。ロシアにおける資本主義の発展は、マルクスが生きた時代のドイツよりも後発的であり、そうであるがゆえに、ヨーロッパ資本主義のいっそう成熟した発展とヨーロッパ労働者階級の政治的力量とを目にすることができ、かつ、他の雑多な社会主義思想ではなく、『資本論』をはじめとするマルクスやエンゲルスの成熟した理論をただちに受け入れて、自己の理論を構築することができました。

マルクスの時代のヨーロッパにおいては、マルクスの理論と並んで、労働者階級を基盤とした他の社会主義的潮流が少なからず存在しており、マルクス主義はそれらと競合することを余儀なくされました。その中でもとくに重要だったのは、プルードン主義とラサール主義です。しかし、ロシアでは、農村を基盤とするナロードニズムとは競合しましたが、都市労働者階級を基盤とする社会主義思想に関しては、最初からマルクス主義が支配的な潮流になることができました。これがさらに後発的な中国になりますと、都市労働者階級を基盤とする社会主義思想はもはや、マルクス主義一般でさえなくて、ボリシェヴィズムでした。このように、後発国ほどより最先端の、より首尾一貫した革命思想のヘゲモニーが確立しやすいという傾向があることがわかります。

第二にプレハーノフが果たした個人的役割の重要性です。プレハーノフ自身、『歴史における個人の役割』という著作を書いていますが、そこでのいささか土台還元主義的な論述とは異なって、歴史において個人が果たす独自の役割は非常に重要です。恐ろしく博学で努力家であったプレハーノフは、膨大な文献を読み込んで、完膚なきまでに論敵をやっつけるというスタイルを確立しました。このスタイルは明らかにレーニンに受け継がれています。このような徹底した論争的スタイルがあってこそ、わずか六名（しかもそのうち一命はすぐに病気で亡くなり、もう一名はまもなく逮捕されて流刑され、さらに一名はプレハーノフの妻でしたから、実質的に理論活動を担ったのは、プレハーノフ、ザスーリチ、アクセリロートの三名）から出発した亡命マルクス主義者の一握りの集団が、二〇年足らずのうちに、それまで五〇年近くにおよぶナロードニズムの理論的・知的ヘゲモニーを覆して、社会主義知識人のあいだでのマルクス主義のヘゲモニーを確立することができたのです。

それはちょうど、巨大な建築物を立てる前に、地面を巨大なハンマーで徹底的に打ち固めておく作業が必要になるのと同じです。プレハーノフという巨大なハンマーは、後に、レーニンやトロッキーを含むロシア・マルクス主義およびロシア革命という巨大な建造物を構築することを可能とする理論的・政治的土台を徹底的に打ち固めたのです。もちろん、他方では、それがいささか認識論主義的で経済主義的なマルクス主義として確立される傾向を伴っていたのは否定できませんが（平らな地面を作るには、そのような一定の平板さが必要不可欠）、にもかかわらず、プレハーノフの果たした歴史的意義は測り知れないほど大きいのです。今日、プレハーノフの膝下ほどの知的創造性も理論的能力もない講壇マルクス主義者が、したり顔でプレハーノフを批判しているのは、実にこっけいです。ちなみに、最初にマルクス主義の文脈で「ヘゲモニー」という概念を使い始めたのもプレハーノフです。この点からしても、プレハーノフはもっと再評価されてしかるべきでしょう。

4、ロシア・マルクス主義の分化と一九〇五年革命

こうして、プレハーノフとザスーリチ、さらにアクセリロートらの努力によって、ロシアの地にしだいにマルクス主義の潮流が芽生え、それがやがてレーニンやマルトフらの新しい革命世代のハートをつかみ、それはついにロシア社会民主労働党として組織的に結実することになります。

プレハーノフからレーニンへ――同盟者をめぐる分岐

すでに述べたように、プレハーノフは、ロシア労働者階級こそがロシア革命の主体勢力であると宣言し、この観点こそがロシア・マルクス主義のその後の発展の礎石を築きました。第二インターナショナルのパリ大会で行なった演説の最後の有名な文句、「ロシアの革命運動は労働者の運動として勝利するだろう、さもなくばまったく勝利しないだろう」という定式こそ、トロツキーの永続革命論を含むその後の理論的発展のいっさいを内包するものでした。プレハーノフのこの業績はいくら強調しても強調しきれません。しかしロシアの労働者階級はロシアの少数派であり、人口の数%です。この少数派だけではもちろんロシアで革命を起こしたり維持したりすることはできないので、政治的・階級的同盟者が必要になります。まさにこの同盟者をめぐって、ロシア・マルクス主義のあいだで大きな理論的・実践的分化が生じるのです。

プレハーノフが労働者階級の主たる同盟者として考えたのはブルジョアジーでした。ただし農民を軽視したり、否定したりしたわけではなく、労働解放団の第

一次綱領（一八八四年）にも「労働解放団は、ロシアの勤労住民の圧倒的多数を占める農民をけっして無視するものではない」とわざわざことわっているぐらいです。けれども、農民は主として農村におり、全国的に分散して存在していますので、都市部における主たる同盟者はやはりブルジョアジーであると考えました。それゆえプレハーノフは、労働者政党の側があまりに急進的なこと（「赤い妖怪」）を言うとブルジョアジーが反発して逃げてしまうと考え、その点への政治的自制を絶えず強調するようになり、そのことがプレハーノフの属したメンシェヴィキの決定的な政治的制約となりました。

それに対してレーニンは、労働者階級の主たる同盟者はブルジョアジーではなく農民であるとみなし、土地を求める農民の革命運動こそブルジョア民主主義段階における労働者階級の最も信頼の置ける同盟者であるとみなしました。そしてブルジョアジーに関しては、なるほど彼らは革命の最初の局面ではそれなりの役割を果たすだろうが、革命が深化すればするほど、ブルジョア民主主義革命の段階においてさえ彼らは革命運動に敵対するようになるだろうと考えました。これこそまさに、一八四八年革命の敗北の教訓にもとづくものであって、そのときよりもいっそう社会主義勢力が脅威となっている当時のロシアにおいてはいっそうあてはまります。それゆえ、ブルジョアジーの反発を恐れて政治的主張や行動を自制するのは革命派の自殺行為であるとみなしたわけです。もちろん、この点に関してトロツキーはまったくレーニンと同じ意見でした。

本格的な革命が起こっていないときには、これはあくまでも潜在的な対立でしたが、一九〇五年に実際に革命が起こり、盛り上がってくると、この潜在的対立点は必然的に鋭い理論的・実践的対立に転化します。

一九〇五年革命の衝撃と革命論の分化

周知のように、一九〇五年一月九日の血の日曜日事件をきっかけとして、ロシア全土、とりわけその都市部において労働者の嵐のようなゼネストやデモンストレーションが巻き起こります。この労働者階級の戦闘性と行動性は、プレハーノフらが理論的に想定していた以上のものであって、レーニンやトロツキーの予想さえもある意味で上回るものでした。

こうした中で、ロシア・マルクス主義者のあいだで新しい革命論が次々と生まれていきます。まずプレハーノフらのメンシェヴィキは、二段階不連続革命論を堅持しましたが、第一段階たるブルジョア民主主義革命と第二段階たるプロレタリア社会主義革命とのあいだの時間的距離は急速に縮小していき、しだいに二段階連続革命に近いものへと変貌を遂げていき、時には「永続革命」という言葉さえ用いるようになります(その具体的な内実はトロツキーのものとは異なりますが)。しかし、あくまでも主要な同盟者はブルジョアジーであり、専制を打倒した暁に権力を握るのはブルジョア政党だから、労働者政党は急進的野党の地位にとどまって、下からブルジョア政権を突き上げて、より急進的な改革をやらせるべきだと主張しました。

それに対してレーニンは、周知のように労農民主独裁論を唱えます。労働者と農民の闘争が専制政府を打倒し、その暁には労働者の代表と農民の代表とがともに政府を構成して、上からと下からの徹底した民主主義革命を遂行するという展望です。ブルジョアジーは権力を取りたがらないし、たとえ権力を握っても民主主義革命は挫折させようとするだけだから、労働者と農民の党が自ら権力をとらなければ民主主義革命は完遂しえないとみなしたのです。しかし、レーニンは引き続き、二段階革命論を堅持していたので、この民主主義独裁はブルジョア革命の枠組みを突破することはできないだろうと考えました。

それに対してパルヴスとトロツキーは、なるほどたしかに農民の革命運動は労働者にとって重要な同盟者だが、都市部においては革命勢力は労働者しかいないのであり、農民は下から反乱を起こして背後を撹乱することができても、労働者政党に匹敵するような農民政党を成立させることはできないし、ましてや国家の権力の帰趨が決せられる大都市において労働者政党に匹敵するような政治的に自立した役割を果たすことはできないだろうと正当にもみなしました。したがって、結局、革命が勝利した暁には、革命的労働者政党の政権が、つまりは労働者政府が成立するだろうとみなしたのです。

ここまではパルヴスとトロツキーはいっしょです。しかし、パルヴスは結局、段階革命論の枠内にとどまったのに対して、トロツキーはそれをも突破します。いったん政権についた革命的労働者政党は、その政策を人為的にブルジョア民主主義段階にとどめることはできないだろう、そのような政治的自制は労働者政府にとって自殺行為になるだろう。なぜなら、すでに一九〇五年革命で部分的に見られたように、ブルジョアジーは労働者政権を倒すために、ロックアウトやサボタージュ、あるいはあからさまな反革命的行動に打って出るのであり、ブルジョアジーの経済的権力をそのままにしておいては、民主主義革命さえ徹底することはできないからである。労働者政府はその自己保存の論理からしても、資本主義的所有を侵害しないではおれないだろう、と。こうしてトロツキーは、段階革命論の枠をも大胆に突破して、はじめて本来の意味での永続革命論を確立したのです。

実際、一九一七年の二月革命後にブルジョアジーは、ロックアウトや生産のサボタージュ、物資の隠匿、買占めや売り惜しみなどを系統的に行なうことで、社会を混乱させ、労働者を疲弊させ、政府を自分たちのヘゲモニー下に置こうと画策しました。こうした策動を打ち破るためには、生産と流通の領域をも労働者政府の支配下に置かざるをえないのであり、ブルジョア革命の枠組みを大胆に突破せざるをえないのです。

ボルコフ・インタビュー

訳 西島 栄

【解題】このインタビューは、『インターナショナル・ビューポイント』の二〇一七年一一月一七日号に掲載されたもの。インタビュアーはベルリン出身のフリージャーナリスト、ヴラデク・フラキンで、インターネット上の革命的左派のニュースサイト「Klrasse gegen Klasse and Left Voice」の編集委員。インタビューは、二〇一七年一一月にメキシコシティのトロツキー博物館で行なわれた。

エステバン・ボルコフは襲撃者たちが彼を殺そうとしたときには一三歳であった。彼の祖父がレオン・トロツキーだったからだ。いま彼は九一歳。メキシコシティの博物館でトロツキーの記憶を今もよみがえらせ続けている。

その建物はコヨアカンにある無数の郊外住宅の一つである。とても高い塀に囲まれた庭付きの一軒家だ。コヨアカンはかつては芸術家たちが静寂を求めた、メキシコシティの郊外の田舎町であった。今日では、地下鉄の駅から数歩の巨大都市の中心にあるお洒落な地域である。サボテンでいっぱいの庭は、もし高速道路

の騒音と悪臭がなければ、閑静であったはずだ。

　私たちが到着したとき、ボルコフはグレーのスーツを着て、ブラジルの労働組合連合CUTから贈られた野球帽をかぶって待っていた。深くくぼんだ眼をした彼は厳しそうに見えた。だが、すぐに彼は笑い始めた。とりわけ気難しいということもなかった。彼が家の中を案内してくれた。トロツキーが生涯最後の数年間を過ごした邸宅だ。弾痕、壁でふさがれた窓、重い鉄製のドア、ちょっと刑務所のようであった。今はその大半が、政治的暗殺に斃《たお》れたトロツキー一家のための博物館になっている。

　トロツキーは一九二九年にソ連を追放され、トルコのプリンキポ島に避難所を見つけた。数年後彼はトルコを追放されて、フランスとノルウェーでも同様の仕打ちを受けた。一九三七年になってメキシコ政府から亡命を受け入れられた。

　トロツキーの娘であるジナイーダ・ボルコヴァはうつ病に苦しめられ、一九三三年に幼い息子フセヴォロト（セーヴァ）・ボルコフを残して自ら命を絶った。おじのリョーヴァ――彼はナチスを逃れてパリに脱出しなくてはならず、パリでスターリニストの襲撃者に暗殺された――と短い期間いっしょに過ごした後に、幼いセーヴァは祖父とともにメキシコに移った。

ボルコフは高名な革命家と過ごした数ヵ月間のことを今でも憶えている。サボテン観光に行ったこと、暗殺未遂からかろうじて生還したこと。その後、一九四〇年八月二〇日にトロツキーの運は尽き、スターリニストの襲撃者によって暗殺された。

セーヴァ・ボルコフの人生はそれからも続いた。彼はメキシコ市民になり、スペイン語名のエステバンを名乗った。彼は学校で学び、化学者になり、避妊薬の工業生産方式を考案した。だが彼は祖父の遺産を忘れてはいなかった。一九八九年以来、セーヴァはレオン・トロツキー博物館の館長として働いてきた。

フラキン　レオン・トロツキーの最初の思い出は何ですか。

ボルコフ　パリからアルフレッドとマルゲリートのロスメル夫妻に連れられてこの家に最初にやってきたとき、私は一三歳半でした。風景があまりにも対照的でした。冬のヨーロッパは灰色一色でした。私は悲しみに満ちた暗い空からやってきました。おじのレフ・セドフの死後、私は精神的にダメージを受けていました。セドフは一九三八年の二月に亡くなりました。彼の未亡人は私を手元に置くことを望みました。だから祖父は弁護士に依頼しなくてはなりませんでした。一九三九年八月、私はとうとうコヨアカンにやってきました。

私の第一印象は色の鮮やかさでした。メキシコは色彩豊かな国です。当時、ここはメキシコシティから完全に隔絶された村でした。ビーツとうもろこしの畑を通りぬけないとメキシコシティには行けないのです。泥だらけの道は雨が降ると川に変わりました。

フラキン　ここはあなたにとってより安全なところでしたか。

ボルコフ　いくらかは。けれども、スターリニストの秘密警察はここでも同じように活動していました。最初の暗殺未遂は一九四〇年五月二四日でした。私はベッドの下に隠れました。暗殺者たちは三方向から私の寝室に入ってきて、弾丸がなくなるまで、マットレスにピストルを打ち続けました。七発か八発が撃ち込まれて、そのうちの一発が私の足の親指に当たりました。

フラキン　やつらは子どもも撃ったのですか。

ボルコフ　もちろん。彼らは多くのトロツキストを殺し、家族全員を根絶やしにしたいと思っていました。トロツキーの息子でロシアにとどまったセルゲイ・セドフは政治には無関心だったのですが、やはり殺されました。

一九四〇年五月、シェルドン・ハートという名の若い護衛がアメリカから少し前にやって来ていました。彼はスターリニストの工作員で、暗殺者のために部屋の内側からドアを開けたのです。のちに彼は暗殺者たちによって殺され、市郊外の公園に埋められました。スターリニストのアルヒーフ記録には彼は同志たちを批判したと記述されています。もし子どもまで殺害しようとしていたことがわかっていたなら、この暗殺の企てに加わらなかっただろう、と彼は言ったというのです。

それで彼は裏切り者の汚名を着せられました。スターリニストのシステムというのはこういうものです。不都合なことが起こると、誰かのせいにしなくてはならないのです。そしてこの場合に、このアメリカ人に罪を着せるのは実に容易なことでした。彼らの言い分によると、ハートがトロツキーに事前に警告していて、それでトロツキーは地下室に隠れたと言うのです。この話はこういう風に何度か映像化されましたが、とんでもない話です。あたかも祖父が私をひとり残したかのようです。

フラキン この時の暗殺はどうして失敗したのですか。

ボルコフ 祖父は睡眠薬を飲んで寝ました。発砲があったとき、彼はなにかメキシコの宗教儀式の花火かと思ったそうです（笑）。妻のナターリャは飛び起きました。彼女はトロツキーの脚を引っ張って、角の暗い片隅に押し込み、命を救ったのです。

フラキン 襲撃の後で何が起こったのですか。

ボルコフ スターリニストたちは、それをトロツキーの自作自演として描き出そうとしました。彼らは一人の警官とここで働いていた二人の料理人に金を払い、偽の証言をさせたのです。三人全員が次のように証言しました。その晩、護衛たちはナーバスになっていて、夜遅くまで祖父の仕事部屋で話し込んでいた、と。当初、警察がこの嘘にだまされました。

しかし、二〇人以上の人々が関与していたのです。彼らはならず者とスターリニストでした。そして警察はバーでそのことを自慢している人間を逮捕しました。この暗殺未遂事件を指導していたのは、有名な画家で共産党のリーダーであるアルファーロ・シケイロスであることがわかりました。彼は短期間監獄に入れられていたのですが、その後チリに逃亡しました。

フラキン 事件後、家の中での生活はどう変化したのですか。

ボルコフ 以前は、私たちはしばしば友人たちとサボテンを集めに田舎まで出かけていっていました。祖父はサボテンが大好きでした。メキシコは種類が豊富で、新しい種を見つけることに挑戦していたのです。私たちは砂利道を車で何時間もかけてドライブしました。最初の暗殺未遂の後で、ドライブ旅行は取りやめになりました。私は毎日学校に通いましたが、祖父は家の中で囚人のような生活を送るようになりました。

元々はイタリア人の家族がこの家を貸してくれたのですが、アメリカのトロツキスト党（社会主義労働者党）がカンパを集めて、家を購入したのです。そのおかげで、家を要塞化し、窓をつぶして壁にし、屋根に防護をほどこすことができたのです。しかしトロツキー自身は、次の暗殺計画が単純な繰り返しにはならないだろうとわかっていました。

フラキン　どこか他の場所に逃れることはできなかったのですか。

ボルコフ　同じことだったでしょう。トロツキーの秘書たちは適切な警戒を怠ったと批判されました。けれども、トロツキーには、自分がほんの中休みを得ただけだとわかっていたのです。おそらく、数ヵ月間は彼の命を延ばすことはできたかもしれません。しかし、スターリンはトロツキーを取り除くためにあらゆることをするつもりでした。数ヵ月後、カタラン・ラモン・メルカデルが暗殺に成功しました。

フラキン　一九四〇年の八月二〇日にはあなたは家にいたのですか。

ボルコフ　私はその暗殺行為の直後に到着しました。片隅にひとりの男がいて、警官に拘束されているのが見えました。メルカデルは二〇年間、刑務所に入れられました。

フラキン　普段の生活での祖父はどんな感じだったのでしょうか。

ボルコフ　ユーモアのセンスに溢れた愛情深い人でした。彼はとてつもないバイタリティと際限のないエネルギーを持った人でした。もしトロツキーを演じる俳優を探すとすれば、その役をうまく演じられるのはカーク・ダグラスぐらいなものでしょう（笑）。ダグラスは祖父のような活力の持ち主ですから。

トロツキーは何ヶ国語も話しました。アメリカ人の護衛とは英語で話し、チェコスロバキア人の秘書ヤン・

バザンとはドイツ語で、秘書のジャン・ヴァン・エジュノール〔ハイエノールト〕とはフランス語で話しました。彼は私にもフランス語で話しかけたのです。

フラキン ロシア人はいなかったのですか。

ボルコフ ロシア人のことは今となってはわかりません。家では、秘書のほとんどはアメリカ人でした。トロツキーの亡命に対して政府が課した条件の一つは、メキシコ政治に干渉しないということでした。だから私たちはメキシコ人の助手を雇うことはできませんでした。

フラキン しかし、メキシコ政治についてのトロツキーの数多くの論文が存在しますね。

ボルコフ 祖父はペンネームでメキシコについていくつか書いています。しかし彼は政治には干渉しませんでした。

フラキン トロツキーが亡くなった後、家では何が起こりましたか。

ボルコフ 私たちはその家に住み続けました。そして、祖母のナターリャは一九六二年に亡くなりました。一九六五年にトロツキーとともに庭に葬られました。トロツキスト的信条を持った学生たちが家を占領しました。兵士たちが学生たちに対する政府の報復でした（笑）。しかし数ヵ月後、彼らは私たちを呼び戻しました。彼らはこの家をどうしたらいいかわからなかったのです。だから私たちはこの家に戻ったのです。

私たちはさらに一五年間そこで暮らしました。それから博物館を開設しました。一九九〇年にそれは、亡命者の権利を研究する場としても発展しました。いくつか空き部屋となっていたホールは、イベント室や企画室、図書館を作るために改造が施されました。

私自身は常に政治の周辺にいました。祖父は秘書たちにこう言っていました。君たちは孫に話しかけるときは政治については何も語るなと。

フラキン　今日におけるトロツキーの意義は何でしょうか。

ボルコフ　彼は社会主義が人類の将来を決定するという絶対的な信念を持っていました。けれども、歴史の針は人が期待するよりもゆっくり進みます。人間の一生は歴史のサイクルに比べてあまりに短いのです。しかし、人類が生きのびようと思うならば、〔資本主義とは〕別の形態の社会組織が必要であるということは疑いようがありません。なぜなら、資本主義はますます破壊の新しいレベルへと至っているからです。

ヤン・ウィレム・ストウーチェ

『エルネスト・マンデル――反逆者の先送りされた夢』（8）

訳　湯川順夫

第8章　愛と革命

「革命の経験」をすることは、それを書くことよりも愉快であり、有益である。（I・V・レーニン『国家と革命[1]』）

一九六〇年代における運動の漸進的復活は、ベルギーでは一九六〇年〜六一年のゼネストで始まったのだが、それとともに、闘争と理論的論争との結びつき、すなわち、両大戦間におけるスターリニズムの「真昼の暗黒」時代には失われていたこの結びつきをもたらした。

その時代にあってもコルネリュウス・カストリアディスやポール・スウィージーの労作、グラムシの『獄中ノート』、カール・コルシュの晩年の著作に示されるように、マルクス主義の批判的思想が全面的に沈黙させられていたわけではなかったが、アカデミズムの世界では、そうした批判的思想は周辺化され、美学や哲学の領域に封じ込められていた[2]。一九六〇年代には、フランスのマスペロ社やイタリアのフェルトリネッリ社が、スターリンによる禁止目録に長きにわたってとどめおかれてきた異端の政治的文献を再発見した。創造的マルクス主義の思想が人目につかない大学の物陰から表に出て来るようになり、それが、新資本主義とプロレタリアートの役割をめぐる論争に加えて、脱植民地化、革命とポスト資本主義社会、ソ連と中国、アルジェリアとキューバをめぐる考察に刺激を与えた。

『現代マルクス経済学』において、マンデルはすでに過渡期社会の経済について考察していた[3]。社会学者のピエール・ナヴィルは、マンデルにこのテーマの探求をさらに進めるよう励ました。ナヴィルは、一九三七年にスターリンによって殺されたエフゲニー・プレオブラジェンスキーによるソヴィエト経済分析である『新しい経済』(初版は一九二三年)の仏語版を準備しているところだった[4]。彼は、マンデルにその版の序文を書くよう要請した[5]。この著作の核心をなしていたのは、資本主義から社会主義への過渡期にある農業社会においてどのような発展力学が生じるのか、社会主義的蓄積のいかなる源泉が利用可能なのかという問題であった。マンデルは、プレオブラジェンスキーがプラグマティズムと経験主義から解放された経済政策を可能にしたと書いた[6]。この著作の出版はキューバにおける経済論争を促すことになった。

ゲバラとの交流

フィデル・カストロと並ぶキューバ革命の顔であったエルネスト・「チェ」・ゲバラは、この論争において指導的役割を果たした。一九五八～五九年、ゲリラ戦士たちは、アメリカに支援されていたバチスタの抑圧体制に終止符を打った。そうすることで、彼らは一九三五年以来ずっと君臨し続けて来た支配的な革命論と決別した。この支配的概念は、スターリンのコミンテルンによって保持されてきた段階革命論にまでさかのぼる。段階革命論は、農地改革、工業化、民主主義的改革という任務を負う民族民主主義政府を形成することに革命的目標を限定した。その場合、プロレタリアートとブルジョアジーとの闘争は、多かれ少なかれ遠い将来の社会主義革命の段階ではじめて展開されることになるだろう。キューバの革命家たちは、そのような革命が実践においては不可能だということに気づき、キューバにおける資本主義に決定的な終止符を打つようなモデルを探求した。この過程で、キューバの革命家たちは、アメリカの侵攻という脅威にさらされた。この脅威は、ピッグス湾（プラヤ・ヒロン）事件と一九六二年一〇月のミサイル危機の時に明白となった。彼らはモスクワからの強い非難も浴びることになった。モスクワは、ラテンアメリカ、アジア、アフリカの革命運動に対するキューバの支援を、西側との平和共存を目指す自分たちの外交政策を掘りくずすものとみなしたからである

一九六二年から一九六四年まで、チェ・ゲバラはキューバの工業大臣をつとめた。彼は、モスクワ指向の共産党員の影響力増大と国家による官僚化傾向の強まりに反対した。経済に関する彼の思想は、一九六三～六四年の論争の中で形成されたものだが、それは、経済発展をめぐるものであっただけでなく、社会主義の本質をめぐるものでもあった。すなわち、中央レベルでの予算編成か各企業の独立財政か、道徳的刺激か物質的刺激か、計画化と意識の役割か価値法則か、ということが問題にされたのである。

チェは、ヒューマニズムの観点を欠いた経済、共産主義的倫理を欠いた経済は考えられないとみなした。[7]「われわれは貧困に対して闘うが、疎外に対しても闘う。……もし共産主義が〔民衆の〕意識を回避するならば、革命の精神は死んでしまうだろう」[8]。一九六五年の有名な論文、「キューバにおける社会主義と人間」の中で、彼は、価値と収益性を絶対的な経済尺度にしたり、物質的刺激を利用したりするような、「資本主義がわれわれに残したなまくらな道具の助けを借りて社会主義を実現できるのだとする夢物語」に対して警

告を発した。共産主義を全面的に実現するためには、経済構造のみならず人間をも変革することが必要だ。彼はこのように考えた[9]。

キューバにおける国有化の波に感銘を受けたマンデルは、一九六〇年秋に、キューバがポスト資本主義国家へと発展したとの結論を下した[10]。「現実が示したのは、権力を打ち固めるために、革命の指導者たちが無意識のうちにトロッキズムに依拠していることである[11]」。『現代マルクス経済学』を出版してすぐに、マンデルは、ブリユッセルのキューバ大使館を通じて、同書をチェとカストロに送った[12]。彼は、ネルソン・ザヤス・パソス[13]（キューバのトロツキストで、キューバ外務省で働くフランス語の教員）や、チェの前妻イルダ・ガデア[14]（インド人と中国人の血を引くペルーの経済学者で、当時ハバナに住んでいた）を通じて、キューバ政権と非公式に接触していた。イルダ・ガデアはトロツキスト思想の支持者であり、彼女やザヤスを通じて、第四インターナショナルの諸文書が定期的にチェに送り届けられていた[15]。

一九六三年一〇月、ザヤスはマンデルに対して、ザヤスが言うところのスターリン＝フルシチョフ派とチェの周辺の人々との間で論争が起こっていると語った[16]。前者は、企業財政の自立性を支持し、生産性を上げるために物質的刺激が必要だと主張していた[17]。チェは、企業財政を中央集権化し道徳的刺激を強めることを要求していた[18]。ザヤスはマンデルにこの論争に介入するよう促した。「カストロ指導部全体がそうした介入を歓迎すると思う。……フィデル、チェ、アルゴネス、ハート、フォレ・チョモンやその他多くの人々はわれわれに好意的だ[19]」。それから一ヵ月ほど後、ザヤスは、この論争に参加するためマンデルからの謄写版印刷の寄稿論文を配布した[20]。マンデルは、企業の独立財政に対するチェの抵抗を支持したが、それは彼が分権化に反対であったからではなくて、小規模工業のための中央集権的な資金配分がその時点では最適な解決策であると思われたからであった。彼は、官僚制の成長に対するチェの懸念を共有していた。チェに反対する人々が、分権化された財政管理を物質的刺激の利用を通じてより効率的なものにすることを望んでいたので、なおさらだった。マンデルは、物質的刺激それ自体に反対だったのではない。だがそれには二つの条件が必要だとみなした。第一に、連帯を強化するために物質的刺激が個人的刺激ではなくて集団的刺激であること、第二に、富裕化を促すシステムが生み出す利己心を抑制するために、物質的刺激の利用が制限されることである。

官僚化と闘うために、マンデルは、民主主義的で中央集権的な自主管理を主張した。「労働者評議会によって直接選出される中央当局の側の厳格な規律に従う、職場における労働者管理[21]」。マンデルとチェは最後の点〔労働者評議会〕で意見を異にした。チェが支持したのは労働組合による企業管理であった。ただし、その労働組合は〔一般労働者を〕代表するものであって、共産党員によって支配されていない場合にかぎる。共産党員はとても評判が悪いからだとチェは語った。企業が市場の奴隷のようになっている、ユーゴスラビアにおける分権的な自主管理の結果もまたチェに警戒感を抱かせた。マンデルは、赤子をたらいの水といっしょに流してはならない、とチェに警告した。労働者による自主管理は、直接的生産者によって民主的に決定された中央計画と完全に両立する、と[22]。

一九六四年初め、マンデルは招かれてハバナを訪問した。チェやカストロと会談できる見込みがあった[23]。チェは、『現代マルクス経済学』を熱心に読んでいて、その多くの部分を翻訳させていた[24]。マンデルは、「多くの問題を公然と率直に提起することができると思う」とリビオ・マイタンに打ち明けた[25]。それから数日後、再び手紙を出し、「いずれにしても、私はボリビアのわれわれの友人たちを訓練する問題を解決することができるだろう[26]」と書いた。

リビオ・マイタンが初めて南米を訪れたのは一九六二年のことである。彼は、ボリビア、チリ、ペルー、ベネズエラ、ウルグアイ、アルゼンチンにおける反乱運動と接触し、キューバと協力するよう彼らに促した。[27] ブエノスアイレスで、彼は、詩人のアリシア・エグレンと連れ合いのジョン・ウィリアム・クックなどの左派ペロニスタ〔アルゼンチンの左翼ポピュリズムであるペロン主義の信奉者〕の人々に会った。クックは、一九五九年以来、チェと連絡を取っていた。[28] ペルーでは、リビオ・マイタンは、「統一左翼」とその農民運動指導者ウーゴ・ブランコに会った。ボリビアでは、彼は、ウアヌニ鉱山、カタビ鉱山、シグロXX鉱山の鉱山労働者と会った。そこでは、トロツキストが強い影響力をもっていたが、そうした活動家たちは、キューバで武装闘争の訓練を受けることを望んでいた。

マンデルのハバナ滞在はほとんど七週間に及んだ。それは、公式的任務ではない訪問であり、意見交換の機会であった。そして、こうした意見交換を通じて彼は、キューバが、「……労働者の解放と人類の解放における最も先進的な拠点を築いている」ことを確信した。[29] 幹部学校でも、省庁内部でも、それ以外のところでもマルクス主義の古典が広く学ばれていた。マンデルは友人に宛ててこう書いている。

私が参加したクラスではちょうど『資本論』第一巻を終えたところだった。そこには大臣と三人の副大臣も出席していた。……そして、それは実に真剣な学習であり、タルムード〔ユダヤ教の律法集〕が読まれるように、一頁ごとに学ばれていた。[30]

『現代マルクス経済学』をはじめとするマンデル自身の著作も議論の対象にされていた。そうした著作が翻訳され、謄写版刷りの抜粋が指導部のあいだで回覧されていた。[31] マンデルは、ハバナ大学で何百人もの聴衆に向けて演説をした。スペイン語で話したのだが、スペイン語の単語が出てこない時には、少しイタリア語を交えた。共産党員であるグラス・ロカの新聞『オイ（現代）』の編集部を訪問した際は、そのことが広く告知されたほどだった。キューバで最も広く読まれ最も大きな影響力をもつ日刊紙『レボルシオン』は、マンデルのインタビューを掲載した。「私は、大蔵省と工業省［ゲバラの省］に文字通り誘拐されて、過渡期社会における価値法則に関する長い論文を書かされた」[32]。マンデルは、四時間にわたってフランス語でチェと会談した。オリーブグリーンの作業服を着て、赤い星マークの付いたあの有名な黒いベレー帽をかぶったチェは自ら歩み寄って彼を迎えた。すっかりチェに魅せられたマンデルは、ある友人への手紙でこう書いている。「ここだけの話だが、彼(チェ)は、君がよく知っている友人のジェルマン［マンデルが最もよく使用した偽名］ときわめて親しい」[33]。

マンデルとチェは協力して、フランスの経済学者シャルル・ベトレームに対する返答を書いた。一九六四年四月、ベトレームは、月刊誌『クーバ・ソシャリスタ（社会主義キューバ）』に論文を発表し[34]、生産力の限られた発展を考慮すれば、チェが提唱している中央集権的計画化は賢明な政策ではないと主張した。マルクス主義者ベトレームはチェに対する最も強固な批判者になった。チェに対する彼以外の批判者は、アルベルト・モラ外相とカルロス・ラファエル・ロドリゲス農業相であった。それから数年して、ベトレームは次のように述べている。

キューバの発展水準からすると、各種の生産単位は独立採算でやっていく必要があるのであり、それらは市場に統合されて、生産コストを反映した価格で製品を売買することができなければならない。また、低い水準の生産力からして、「各人にはその労働に応じて」という分配原理が必要であると私は考えた。つまり、多く働けば働くほど、より高い給与を受け取るということだ。これがわれわれの意見の相違の核心であった。チェは、各人が自らの能力を最大限に発揮した場合に生じる格差だけが受け入れられると考えていたからだ[35]。

パリ社会科学高等研究学院の研究主任であったベトレームは、チェの考えには同意しなかったのである。

マンデルは、ベトレームが歴史的現実のうちに純粋型を探し求めるという誤りを犯していると考えた。たとえば、このフランスの経済学者によれば、法律上、完全な集団的所有が存在していないかぎり、生産手段の集団的所有は存在しえないことになる。マンデルは、このような完全な――「釘の一本一本に至るまでの」――所有へのベトレームの固執がいささかテクノクラート的であるとみなした。資本の運動法則を停止させ、計画経済の発展に着手するための十分な集団的所有が存在するかぎり、完全な集団的所有は必要ではなかった[36]。商品形態の死滅は、生産力の発展によって決定されるだけなく、人間行動の変化によっても決定されるのだ、とマンデルは指摘した。価値法則が経済のどの部分を支配するのかについて言うことなく、ポスト資本主義の経済においても価値法則も一定の役割を果たすと言うことが決まり文句になっている。鍵となるのは、価値法則が社会主義部門への投資を決定するのか否かだった。マンデルは言う、もしこのこと〔価値法則にもとづく投資決定〕が必然的だとするなら、すべての低開発諸国――チェコスロバキアと東ドイツを除くポスト資本主義国のすべてを含む――は、永遠の低開発状態を運命づけられることになる。これらの諸国では、農業の方が工業よりも収益性が高く、軽工業の中小工業の方が大規模な重工業よりも収益性が高く、何よりも世界市場で工業製品を獲得する方が国内製造業から製品を獲得するよりも収益性が高い。「投資の決定を価値法則にもとづかせているかぎり、事実上、資本主義から引き継いだ経済構造の不均衡をそのまま保持することになるだろう[37]」。こう批判したからと言って、マンデルは価値法則を否定していたわけではなく、ベトレームの運命論（マンデルはそう呼んだ）に反対したのである。この運命論は、「意識的な計画化の原理と価値法則の野放図な作用とのあいだの」長い困難な闘争が必要であること否定するものだった。[38]

キューバの大蔵大臣ルイス・アルバレス・ロムは、一〇時間も費やしてマンデル論文のスペイン語訳を校正した。一九六四年六月、これは「過渡期における商業カテゴリー」というタイトルで発表された。二万部も発行されていた、工業省と大蔵省の定期刊行物の中で発表された。[39]そこには著者の賞賛的な経歴も掲載されていた。[40]これは、「私の精神的家族［第四インターナショナル］に対する一部の悪意ある批判をあらかじめ封じこめるためかもしれない」とマンデルは考えた。[41]彼は、チェ個人が署名した銀行券を財布に大事にしまっていた。貨幣としてではなく、信頼の証しとしてである。マンデルは、この論争のためにキューバに自分を招待したチェの勇気を賞賛した。ソ連と正統派の各国共産党は、いかに気乗りしないとしても、それを受け入れざるをえなかった。マンデルはチェのことを、理論家として、またマルクス、レーニン、トロツキーの伝統に連なる指導者として賞賛した。[42]

一九七七年にマンデルはこの時のことを回顧して、経済をめぐるキューバのこの公開論争をキューバ革命における「大きな転換点」だったとみなした。[43]この論争の背後に、公けにはされていなかったもう一つの論争が吹き荒れていた。それは、革命の社会的・政治的方向性をめぐるもの、すなわち労働者の役割と権力の問題をめぐるものであった。すなわち、価値法則の問題と並んで、プロレタリアートは自分自身の決定を下す上でどれほどの自由を持たなければならないのか、という問題である。マンデルが気づいたように、チェは公けの論争の方では勝利したが、隠れた論争の方では敗れた。自由を保障することは一個の政治問題であった。そのためには、労働者評議会と人民会議《ポピュラー・アセンブリー》を創出することが必要だった。だが、そうした機関が発展することはけっしてなかった。

チェが一九六五年にキューバを離れた時、彼は同国で最も人気のある指導者だった。もし人民の声が聞き届けられていたなら、チェは、経済をめぐる論争［投資決定における価値法則の役割〕だけでなく、政治をめぐる論争〔労働者の権力と自由の保障〕でも勝利していただろう。しかし、マンデルが言うように、「チェは人民に訴えることを望まなかった。党を公然と分裂させたくなかったのだ。だから、彼は自分が敗れた後、キューバを去ったのだ[44]」。一九六四年の手紙の中でマンデルは、自分が受けた印象のいくつかについてはあえて文章にしなかったことを認めている[45]。彼はすでに、この論争が悲劇的結末を迎えることになるのではないかと思っていたのかもしれない。

マンデルがキューバを離れる時、ルイ・アルバレス・ロムは、いつでも歓迎すると請け合った。要望がありさえすれば、確実に招待するだろうと[46]。数ヵ月以内にカストロがマンデルを公式に招待するだろうと噂されていたので、「その折には、彼のことについて少し討論することができるだろう」とマンデルは思っていた[47]。彼は希望に満ちてブリュッセルに戻った。

スターリニストの「セクト主義者たち」〔キューバではそう呼ばれている〕の影響力は衰え続けている。……ゆっくりとだが、新しい前衛が形成されつつある。それはわれわれの考えに近い考えを持っている。……キューバ革命はまだ生き生きと燃えさかっており、この基礎の上に民主主義が開花するだろう[48]。

彼はまた、「チェのもとに結集しているグループが目に見えて強力になっており」、「労働者会議がまもなく始まるだろう」と信じていた[49]。いかにささやかなものであろうと、これは労働者自主管理の開始ではないのか？　この見込みははずれたが、マンデルはその限界に目をつぶった。チェにプレッシャーをかけるべきだというネルソン・ザヤスのアドバイスには否定的な反応を示した。ザヤスは、「もし闘いが政府と官僚の舞台上でしかなされないなら、チェは闘いに敗れるだろう。このことをチェに納得させるべきだ」とマンデルに説いた[50]。政府に対する人民の支持を過小評価してはならない。[51] サイはまだ投げられていない。「経済の討論ではまだ何もはっきりと決定されてはいなかった[52]」。マンデルはチェとフィデルを親ソ派の潮流との争いで煩わしたくなかった。これは、フランスや世界の他の地域で急速に拡大しつつある膨大な数の急進的青年大衆にも歓迎されないだろう。というのも、急進的青年にとってチェはほとんどヒーローに近い地位にあったからである。マンデルの反応はザヤスを失望させ、彼の決意を早める結果となった。キューバから去って、パリでフランスに関する研究を完成させるという決心だ。ザヤスはマンデルに、チェに対する影響力を使って自分の出国ビザを取得できるようにしてほしいと頼んだ。[53]

キューバについてのマンデルの考え方は変わっていったが、ごくゆっくりとだった。革命は停止した。サルバドール・アジェンデは一九六四年九月にチリの大統領選挙で敗れた。ブラジルとボリビアでは軍事クーデターが起こり、ペルーとベネズエラでは左翼ゲリラが敗北した。キューバはこうした一連の敗北の代償をソ連への依存の増大という形で支払った。そこは社会民主主義が繁栄することのできない乾燥気候だった。マンデルは、元トロツキストのヘスス・バスケス・メンデスに率直にこう認めた。

人民による参加が不可欠だというあなたの意見に賛成だ。……現在の組合指導部が交替した後に、企業の管理が労働組合の手中に置かれるようになるだろうと以前聞いたのだが、最近のニュースによると、何も起こらなかったとのことだ。私はそのことを残念に思っていて、あなたと同様に、事態がこのまま推移すれば、経済が袋小路に陥ることになるのではないかと危惧している。たぶん一九六五年には再びキューバに行くことになると思うので、この論争に新たな刺激を与えることができるだろう。[54]

しかし、マンデルは一九六五年にキューバを訪問することはなかったし、チェと再会することもなかった。チェはその年の二月に、アフリカ訪問の最後にアルジェリアのアジア・アフリカ会議で演説したのだが、その時にも会うことはなかった。チェはかつてなくソ連邦に反対する立場を表明した。彼はこう宣言した。「社会主義諸国はある意味、帝国主義的搾取の共犯者となっている」。何よりもまず、被抑圧人民には武器援助が、しかも「いかなる代価もなく、必要なだけ」与えられるべきだと。[55]チェの言葉は、ラテンアメリカの大学キャンパスの実り豊かな地やパリの急進的な人々のあいだにしっかり根を下ろし、彼の演説が大量に印刷され配布された。[56]フランスの共産主義学生同盟（UEC）は、チェをパリに招いてスターリニズムをめぐる討論を行なおうとした。[57]このイニシアチブを取ったのはUECの左派であって、その中ではマンデルと思想を同じくする学生たちが重要な役割を果たしていた。その数ヵ月前に、UECの活動家たちは、チェの親密な同僚である副工業大臣によってキューバに招待されていた。[58]同グループの指導的人物の一人で二七歳のジャネット・ピヤンニ（一九六六年以降はジャネット・アベル）は、パリとハバナの間を定期的に往復していた。彼女は、キューバ大使と連絡を取り、大使が電話でチェにこの招待を伝えた。その間、マンデルは、アルジェリア行きのビザを取得しようと試みていた。チェの演説が終わってから、マンデルは彼に電話で祝福の言葉を伝えた。チェは二人が会うことに即座に同意したが、会う日をすぐ翌日の月曜日にしなければならなかった。なぜならチェはアルジェリアをすぐ出国することになっていたからである。[59]しかし、前日の日曜日、マンデルは、大使や領事と連絡を取ろうと――自宅と大使館で――試みたが、徒労に終わった。ビザがないと、「連中は私が空港から電話をかけることも許さなかっただろう。……私は結局、断腸の思いで、私にとって非常に重要なこの会談を見送るという決断を下した」[60]。

パリでの討論会も行なわれることはなかった。フランス共産党がストップをかけたからである。[61] チェは、今では、モスクワにおいてだけではなくて、各国共産党内でも異端者とみなされるようになっていた。アルジェリアは彼が公けの場に姿を表わす最後となった。彼はコンゴとボリビアに向かった。両国の革命が陥っていた孤立を打破するのを助けるためである。それは、「二つ、三つの、もっと多くのベトナムを！」[62]と呼びかけたその遺言的メッセージの中で述べられた連帯の現われだった。[62] このスローガンは、六八年世代の合言葉になった。

ジゼラとの愛

マンデルの手紙はいつも、諸事実、諸判断、断片的諸分析で満たされていた。自分の感情を吐露することはめったになかった。アルゼンチンの友人であるペロニスタのアリシア・エグレンへの手紙では次のように書いている。

いつまでもくよくよしていてはだめだ。……私はいま二冊の著作を執筆中なんだが、現在進行中の事態にすっかり手いっぱいなので執筆の時間が見出せない。これにはとてもいらつかせられる。……しかし、幸運なことに、通常の「作家」や「学者」がけっして経験することのない見返りがあるのだ。[63]

彼にとってこうした見返りが、愛ある生活の欠如を埋め合わせていたのだろうか？ 彼は愛を求めてはいなかった。エルネスト・フェダーンに秘かに打ち明けたところでは、ミッキー・トラクスとの関係を忘れることができなかったのだ。「パパゲーノ〔モーツァルトの『魔笛』の登場人物。パパゲーナに恋してそれを得ようと奮闘する〕のように、私はやはりこう言う。パパゲーナが見つかるまで『独り身のままだ』と」。[64]

ジゼラ・ショルツと出会ったのは、マンデルが四二歳の時だった。一九六五年春、彼はロンドンでのアフリカ・トロツキストとの会議に出席した。いつものように、このイベントの前後数日間、彼はくたくたになるほど活動に奔走していた。ロンドン・スクール・オブ・エコノミクス（LSE）で講義をし、『ニューレフト・レビュー』誌や『ソーシャリスト・レジスター』誌の編集部と打ち合わせをし、セイロン人学生グループに講義を行なったりした。その講義の場で、彼は、はつらつとして活発な三〇歳の女学生と出会った。彼女は、イギリスのこの首都でヒンディー語を学び、インドとセイロンに滞在する準備をしていた。

ジゼラ・ショルツはほっそりとしたエネルギッシュな女性で、短く黒い髪と魅力的な瞳の持ち主だった。背丈はマンデルよりも少しだけ低かった。もとは下シレジア地方のヒルシュベルク出身で、同地は第二次世界大戦後にポーランドに割譲された旧ドイツ領の一部だった。ヒルシュベルクは、イェレニャ・グラと改名された。一九四五年の後、彼女の一家は、ドイツのバーデン・ヴュルテンベルク州ミュールアッカーに移住した。[65] ジゼラは、プロテスタントの環境で育ったが、そこの人々は音楽と芸術をこよなく愛していた。彼女の父親は地区の高校で化学を教える教師だった。彼はプロイセンの保守的なバックグラウンドをもつ人物で、無教養なナチスを軽蔑していた。ジゼラは芸術を自分の職業にしたいと思っていたわけではなかったが、芸術的創造性に富み、ドイツ文学を愛し、生涯を通じて絵を描くことをやめなかった。彼女の好きな作家には、ベルトルト・ブレヒトや表現主義派の詩人ゴットフリート・ベン〔ドイツ表現主義の代表的詩人で、一九三三年頃に一時期にナチスに傾倒したが、その後反ナチに〕が含まれていた。[66] ロベルト・ムージル〔オーストリア出身の作家〕の『特性のない男』〔ムージルの代表作で未完の大作〕は彼女に深い印象を与えた。[67]

一九五〇年代後半、ジゼラはハンブルクのヨーロッパ大学に通っていた。これは、全ヨーロッパの学生に開かれた大学で、偏狭な民族主義的思考に対抗することを企図したカリキュラムを用意していた。彼女は、知識人と芸術家のサークルの一翼を形成し、作家であるハンス・ヘニー・ヤーン〔ドイツの作家で反戦平和主義者〕の娘と交友関係にあった。ヨーロッパ大学で社会学を学んだ後、『シュピーゲル』誌のベルリン支社のリサーチ担当者として働くようになった。

一九六二年、ジゼラはクラウス・メシュカトと結婚した。彼女と同じ一九三五年の生まれである。ベルリン生まれの彼はこの時、ベルリン市の東ヨーロッパ研究所の助手だった。この研究所で彼は、ソヴィエト史学におけるパリ・コミューン論に関する学位論文を書いた[68]。自由な思考の持ち主であったメシュカトは、すでに一〇年前からSDSのメンバーだった。彼は、西ベルリン学生会議の議長であり、一九五九年以降、全国学生組合の委員長でもあった。彼は、研究所で五歳年下のルディ・ドゥチュケと知り合った。その少し前の一九六五年に、ドゥチュケはSDSとシチュアシオニスト[69]〔情況〕派のグループ「転覆行動派」とを合同させていた。メシュカトはドゥチュケとその思想に魅かれた。

ジゼラは結局、『シュピーゲル』誌での仕事に大きな不満を覚えるようになったので、同誌の編集長であるルドルフ・アウグシュタインに直接辞表を提出した。彼女は、ヒンディー語を学ぶための奨学金に応募した。当時、ドイツは第三世界に関心を持っていたので、取得が容易だったのだ。彼女が奨学金を得たちょうど同じころ、メシュカトも学位論文を完成させた。二人がいっしょに新しい生活をスタートさせていく途上には何の障害もないように思われた。しかし、ジゼラは一九六四年一〇月にロンドンに旅立ち、そこの粗末な学生寮に引越してしまった。それは最低限の快適さもない施設だった。

だが彼女には、そんなことを不幸に感じるよりもずっと深刻な理由があったのだ。しばらくの間、メシュカトとの関係は望ましいものだった。だが、最初は情熱的な愛情として始まったものはしだいに冷めていき、やがて彼女にとってわずかな幸福感も残さないものとなった。将来への願望は将来への懸念に、希望は幻滅に変わっていった。エルネスト・マンデルとの出会いは解放的な作用をもった。だが、彼のような年齢の男性と新しい関係をスタートさせることについて、あらゆる疑念をただちに振り払うことができたわけではない。彼女は、自分の外見とぎこちない振るまいをかなり気にしていて、自分が一八歳の小娘にすぎないという印象を与えているのではないかと心配した。

彼女は時おりフロイトの思想を使って、自分自身の精神状態を人格に関するフロイトの三つの分類——自我《エゴ》、過度に厳格な超自我、感情的なイド——に当てはめてみたりした。[70] 同時に、彼女は自分自身の身体をコントロールできないとも感じていた。彼女はそれが耐えられないとマンデルに書き送っている。

> 私の超自我は信じられないほど忌わしく不愉快です。……それは絶えず私を見下げ、私を苦しめます。しばしばイドがわけもなく私に憤怒の叫びをあげさせます。……それ「イド」はとても論理的に思えます。……それはまた思慮深くにも見え、最悪のこと、いやなこと（vileness）を追い払ってくれます。[71]

この「いやなこと」のせいで、彼女は、自分が大人になることの危機を回避してきたのではないか、自由になるほど十分に自分はしっかりしていないのではないかと感じてきた。権威に依存し続けていると自分自身を責めた。彼女は次のような恐れにさいなまれていた。

> イドが勝利をおさめても、エルネスト、偉大な人……この彼が！……新たな権威、新たな統治者、新たな主人になるだけではないのか。……私にはわかっています、なぜ私があなたを愛しているのかを、偉大な人よ。私があなたを愛しているのは、あなたがすでにすべてのことを知っているから、……あなたが人生とは何かを知っているからです。[72]

これは彼女の心の闇から発せられた考えであり、彼女の自信を掘りくずすものだった。彼女にも人生とは何かがわかってきたように思えてきたが、エルネストに、もし自分を愛することができないなら、あるいはむしろ愛しつづけることができないのなら、愛さないでほしいと頼んだ。

彼女に対するエルネストの気持ちに疑いの余地はなかった。彼は愛に夢中だった。いっしょにスペイン旅行に行かないかと彼女を誘った。それは彼女にとってこの上なく幸せなことだった。メシュカトにそのことを話すと、メシュカトは受け入れるよう勧めた。「同志マンデルの考えを実際に知ることができるすばらしいチャンスだよ！」[73]。メシュカトは二人の恋愛関係を知らないでいた。ジゼラはエルネストに手紙を書いた。「あなたを愛しているってことを彼にはまだ書いていません。怖いからじゃなくて、その言葉をまだ言えないし、言いたくないからです。まず自分の感情を少し自分で整理しなければなりません」[74]。それは長くかからなかった。彼女がメシュカトにそのことを告げた時、彼は彼女の無邪気さにほとんど忍耐を示さなかった。

もちろん、僕は君がマンデルとスペイン旅行に行くのは認めるよ。……個人的な面については、申し訳ないが、僕には判断できない。それほどマンデルのことを知っているわけじゃないからだ。しかし、彼が同志間の結びつき以上のものに関心があるかどうかも、そして二週間のバケーションが君がいま想像しているものとは違ったものになるかどうかも、僕にはどうでもいいことだ。……そうした可能性について君は考えなければならないけれど、それはまったく君だけの問題だ。……彼とともに行きたまえ。しかし、それが君の予想しなかったものになった時、がっかりしないことだ。[75]

差し迫る別離がメシュカトを落ち込ませた。彼を苦しめたのは、ジゼラとエルネストがいっしょになるだろうということではなくて、自分の結婚が破綻したことだった[76]。マンデルは自分の誘いがどういう結果になるかを予想していたはずだとメシュカトは考えた。メシュカトはジゼラへの手紙でこう書いている。「たとえそうだとしても、マンデルは、断固としていて、合理的で、正しい。しかし、この種の断固さと合理性は、たとえそれらが人生を意識的なものにする上で必要なものであるとしても、私には理解できないものだ[77]」。

二人の別れは悲劇的なものであったようだ。ジゼラはどうしていいかわからなくなり、クラウス〔メシュカト〕に罪の意識を抱いた。「エルネスト、エルネスト……古い生活の廃墟の上に他人を犠牲にして新しい生活を築くことなどできそうにもありません」。彼女は絶望してマンデルに書き送った。「ああ、どうしてこんなことになってしまったの。私はなんてことをしてしまったの？……おお、エルネスト、どうか、どうか、私を助けて[78]」。

ジゼラは自分の決断に恐れをなしたのだろうか？　自分自身が新しいスタートを切るにはあまりにも弱すぎると感じたのであろう？　彼女の憂うつはマンデルを悩ませた。二人のスペイン滞在は三週間続いた。彼女は単に彼のことを誤解していただけで、そこから抜け出す道を探すことはそれほど難しいことではなかったのかもしれない。マンデルは、かつてミッキー・トラクスの不決断に打ちのめされたことがあり、そうした経験を二度としたくないと思っていた。数日後、ジゼラは彼を安心させる言葉を見つけ出した。

> 今から書くことはその意味をよくわかった上でのことです。今では私はあなたのもの、ずっとあなたのものです。……今日のあなたの手紙で、……当時恋人の不決断であなたがどれほど苦しんだかがよくわかりました。私の最愛の人、どうか私を信じてください。……そして二度と手紙のことで心配しないでください。……それらの手紙には常に同じ言葉が含まれてい

ます。あなたを愛していると。……それは最終的なものであり、けっして空虚な言葉ではありません。(79)

文学や芸術への関心に加えて、ジゼラは政治にも強い興味を抱いていた。ただし活動家ではなかった。しかし、彼女はいちおう社会民主党の党員であり、メシュカトに誘われて一九六〇年にはベルリンのSDSに加入している。そこにおいて彼女は初めてマンデルの演説を聞いたのだった。会社に入って以降、彼女の生活は一変し、少なくともその政治的側面については活発なものになった。彼女は、マルクスやトロツキーを読むようになり、第四インターナショナルのパンフレットも読んだ。もっとも、彼女にとってパンフレットの独特の用語を理解するのがいつも容易であったわけではなかったのだが。ベルリンに戻った彼女は、マンデルの著作に興味をもつすべての人々にとって、巫女のような存在〔マンデルに代わってマンデルの言葉や考えを伝える人〕となった。ルディ・ドゥチュケは容易に満足する人物ではなかった。「アタック・グループ」のメンバーであった彼は、マンデルの著作についてはすでに隅々までよく知っていた。彼が知りたかったのは――ジゼラがマンデルに語ったところでは――、マンデルが「『一個人』としてどのような人物なのか」であった。ドゥチュケはまた、二人〔マンデルとジゼラ〕の会話がマンデルの著作や講義と同じぐらい興味深いものなのかどうかということも知りたがった。(80)

ジゼラは、一九六五年の九月にインドへ旅立つ前に、第四インターナショナルに加入した。情熱的であった彼女にとって、第四インターナショナルの革命的意志は魅力的なものだったのだ。今では彼女の良心は安らかになり、あの忌まわしい依存性はより高い目標に奉仕するものとなった。愛と革命は今ではわかちがたく結びついた。

彼女は一九六六年二月までインドにとどまり、ボンベイ、ニューデリー、カルカッタ、マドラス、ケララに滞在した。このインド旅行の最中、ホームシックに悩み、マンデルに会いたいという思いをつのらせ、辛い時を過ごした。自分の愛情生活について心配し、二人の幸福の前に立ちはだかる諸困難に不安を抱いた。[81]彼女は一〇年前からずっと旅に出たいと切望していた。最初は世界を発見したいという思いからで、その後はその歴史を理解したいという願望も加わった。同時に、彼女の告白したところでは、旅は常に現実逃避の手段でもあり、自殺の一種の代替物であった。それは、彼女がしなければならない何かであった。「そして今、私はインドに向かう船上にいて、もはや何もしたいとは思ってはいません。ただもう何もしたくないだけなのです」[82]。彼女はこのことに気づいた時、うつ状態に落ちこんだ。[83]彼女は罪の意識を感じ自信を喪失した状態で旅を続けたが、それでもインドにいる間にしだいに気分がよくなっていった。インドの同志たちは彼女を「小さなマンデル」とみなした。[84]この役割を果たすことで、暗い考えの泥沼から抜け出すことができたのだった。

インドでの経験に圧倒されたが、それでもこの経験は彼女の戦闘的精神とユーモアのセンスに刺激を与えることとなった。彼女は、オランダ語を勉強し始め、ブリュッセルでマンデルといっしょに生活することを考えるようになった。マンデルはジョス・アンパン通りの家の図面を意気込んで送ってきた。それはまるでジゼラがすでにそこに住んでいるかのように構想されていた。彼はできるだけ早く結婚したいと考えていた。[85]彼は、ジゼラが二月に帰ってきて、マルセイユの港で彼女を自分の腕に抱くことのできる瞬間を心待ちにしていた。それはおそらく、ジゼラにとって前途により平和な時代があることを予感させるものだった。確かに希望はあったし、彼女は子供をもうける可能性すら排除していなかった。[86]少なくとも、メシュカトとの離婚話は、ベルリン在住の弁護士であり友人でもあるホルスト・メーラーによってすでに処理されつつあった。[87]

エルネストとジゼラがいっしょに住む計画は、家を牛耳っていたマンデルの母ローザのことを考慮に入れていなかった。というのもジゼラはドイツ出身であり、彼女の家族に反ユダヤ的感情がある可能性があったからである。なお悪いことに、母ローザの兄モテクは信心深い正統派ユダヤ教徒であり、彼は、甥のエルネストが非ユダヤ人と結婚することを理由に妹のローザと決別すると言いだしかねなかった。ジゼラは大いに困惑した。そこでマンデルの母ローザには、ジゼラの家族が肯定的な意味でも否定的な意味でもユダヤ人と非ユダヤ人とをけっして分け隔てしないということを知ってもらう必要があった。未婚の伯父モテクを傷つけたくないと考えたジゼラは提案した。「私たちは頻繁に伯父さんと会うわけではないのだから、彼には、私は少なくとも以前ユダヤ人の母親を持ったことがある〔前回の結婚で〕とだけ言っておくだけにしてはどうかしら？」[88]。しかし、彼女は当分の間、自分の生活を〔マンデルの住む〕ブリュッセルではなく、ベルリンで再開することを決めた。

彼女をボンベイからマルセイユへと運ぶラオス号の船から出された最後の手紙の中で、ジゼラは、これまで胸のうちに閉まっていた秘密を打ち明けた。自分の祖母が躁うつ病をわずらい、そのことが祖母の人生を破壊したことを思い起こしつつ、自分も一六歳から一八歳にかけてひどいうつ病をわずらっていたのだと書いた。彼女はうつ病を自分の気分や感情を理性でコントロールすることによって克服した。このような理性の働きは、実はちょっと悲しいものでもあった。というのも、それは幸せな気分にひたることに水を差すものだったからだ。彼女は次のように吐露している。

> あなたといっしょにいてもそんな感じなのです。……あなたと完全に一体になりたいと思った瞬間に、私の理性が自動的に介入してきて、あなたに没頭することができなくなるのです。……少しがっかりだけど、うつになったときにもこんな風に自動的に理性が働いてくれるという肯定的効果に比べれば、たいしたこと

ではありません。こうしたうつ状態はしばしばとても深刻なものですから。

彼女はその一例として、インドを出発する少し前にボンベイの港で激しい不安に襲われ、それに圧倒されてしまったときのことを話した。「理由も前触れもなく、突然こう思いました。自ら命を断つべきだと。……幸福を前にして死ぬのがいちばんいい。幸せな将来を思い浮かべている方が日常のリアルな現実よりも常に美しいのだから、って」。この考えに圧倒されてしまったので、それを振り払うために「すべてのエネルギーと理性を動員しなければなりませんでした。その後、私はすっかりうつろになり、数時間くたくたになりました」(89)。ジゼラは、こうした状況の中での理性の働きは生死にかかわる問題だと考えていた。それと引き換えに、彼女は、より幸せな状況に心からひたることができないという状況にも耐えていける心構えができたのである。

ジゼラはこうしたことをこれまで誰にも話したことはなかった。彼女は自分の幸福をマンデルの手中に委ねた。「あなたはすべてから私を守ってくれるでしょう。……私を本当に固く抱きしめてくれ、……私は幸せになりたいと思っています。そして、あなたが完全に幸せであるときにのみ私もそう感じることができるのです」(90)。マンデルは自分が不可能な課題に直面していると感じた。マンデルは、幸福というものにジゼラが与えたほど大きな意義を与えていなかった。ミッキー・トラクスへの絶望的で報いられることのなかった愛の後、彼はもはや自分の感情の深さを推し測ることができなくなっていた。彼はある種の自制心を維持し、それはしばしば、ひどく冷たく自己中心的なものの見方だとみなされた。エドゥアルト・メーリケ〔一九世紀ドイツのロマン派詩人〕の一節が彼には当てはまった。「幸福や苦しみで私を引き回さないでくれ」(91)。結局、このために彼のジゼラとの関係はやがてうまくいかなくなるのである。

ジゼラがベルリンに戻る前に、この愛しあうカップルはニースで一週間を過ごし、プロムナード・デ・ザングレ海岸通り近くのパビロン・ドゥ・リヴォリ・ホテルに一泊二食付きの部屋で一週間過ごした。マンデルはつつましい生活を送っていたが、時にちょっとした一九世紀風ぜいたくを楽しむことがあった。二人の手紙のやり取りの中では、いっしょに住むかどうかや子供を持つか持たないかといった問題はいぜんとして解決されないままだった。今や、地中海の海岸で、そうした問題を検討すべき時が来た。マンデルは、子供の父親になるということにほとんど興味がなかった。もしジゼラが子供を望めば、彼女が育児のいっさいの責任を引き受けなければならないだろう。小さな子供は大騒ぎするし、話の通じる相手でもないために彼をいらつかせた。こうした態度にはっきりと示されているのは、彼は他人に対して直接責任を取るのが困難だということである。政治が何よりも優先したのだ。彼は気分や感情について話さなかったし、それにいかに対処すべきかもわからなかった。マンデルは、凡庸な日常からかけ離れた生活を送っていたが、これは、彼が第四インターナショナルの活動に没頭するにつれてますます亢進した。彼が政治に失望することはめったになかった。一つの領域で事態が悪くなっても、別のところでは可能性はバラ色だった。引き潮があれば必ず満ち潮があった。彼はやすやすと個々人やその願望のことを忘却した。彼の使命——世界的な目標を掲げた国際革命運動の知的指導者としてのそれ——は非常に大きな責任を負っていたので、自分のプライベートな側面を露わにすることはできなかったし、そうするつもりもなかった。彼にはそのためのエネルギーが不足していた。ミッキー・トラクスが以前彼にその弱点を指摘したことがあった。

マンデルは複雑な人間だった。彼は感情を込めて話し、思いやりがあり、思慮深かった。彼はけっして気分屋ではなかった。活動に支障が生じないかぎり、たいていのことは受け入れた。同志たちが頻繁に家に出入りすることも、母親が昼となく夜となく彼に浴びせる小言も、彼を煩わせることはなかった。しかし、彼は、特別の親密さや子供をもつという求めには応じようとせず、それをできるだけ避けようとした。齢七〇のローザは典型的なユダヤ人の母親で、過保護で、息子を女性から引き離しておくことに熱心だった。夫が死に、エルネストの弟ミシェルがいなくなったので、ますますマンデルを独占しようとした。エルネストはそんな母親に我慢していた。彼は、学問と政治に没頭していて、女性に煩わされているようには見えなかった。しかし、本当は女性について複雑な感情に囚われていたのだった。

ジゼルが初めて、マンデルにこのような中途半端な状況を放棄させて、自分の母親と対峙することを余儀なくさせた。三人はブリュッセルのスカルベック地区にある三階建ての一軒屋でいっしょに暮らした。一階も居住スペースになっており、屋根裏部屋も付いていたので、書斎用の部屋を除いても三人のための十分な部屋があった。したがって、不便なく三人いっしょに生活することもできたろう。しかし、三人がいっしょに暮らしたのは短かいあいだだけだった。エルネストの母は二人の関係を結婚によって正式なものにすることを望んだ。彼はそれに同意し、ジゼラもそれに従ったが、いやいやながらだった。「私の生活が『不道徳的』とかそれに類するものと考えている人と同じ家に住んでいると思うと私には耐えられませんでした[92]」。

ベルリンから、ジゼラは自分の周りの人々に関する情報をマンデルに伝え続けた。メシュカト、哲学者のヘルムート・フライシャー、一家の友人で若くして死んだミヒャエル・マウケ[93]、そしてルディ・ドゥチュケなどである。一九六一年に東ドイツから西ドイツに逃げてきたドゥチュケは〔当時はまだベルリンの壁は存在していなかった〕、SDSの中で急進的な反権威主義的潮流を代表するようになった。非常事態法とベトナム戦争に反対するこの運動は、大衆的な議会外の反対行動へと発展していた。メシュカトとドゥチュケは友達だった。ジゼラは、ドゥチュケを「絶対的で純然たるアナーキスト」だが、同時に「思いやり」があって「皮肉屋」[94]でもあるとみなしていた。「彼のことがとてもとても気に入りました」[95]。マンデルは、ドチュケがアナーキストかどうかにかかわりなく、いっしょに活動したいと思っていた。国際主義こそがドゥチュケの信条であった。だが、それだけが二人の間の類似性ではなかった。二人は同じような厳格な規律をもった生活をしていて、ドゥチュケの両親は、ブルジョアジーも恐れるドゥチュケのことを平気でしかったり、たしなめたりしていた[96]。一九六〇年代の刺激的文化であるフリーセックス、ロックンロール、ビートミュージックは、二人のそばを通りすぎていった。

ドゥチュケとマンデルがその鋭い舌鋒を初めて互いに交わしたのは、一九六六年一二月、ベルリンのテンペルホーフ区で開かれた「中国プロレタリア文化革命」討論会においてだった[97]。シュプリンガー〔ドイツの保守派のメディア王〕の新聞『ベルリナー・ツァイトゥンク』紙は、ドゥチュケを次のように大々的に取り上げた。「このまったくいかれた企画」を取り仕切る「首謀者、紅衛兵、人気アジテーター」。「……この男が顔を出すところではどこでも、騒動が巻き起こる。……彼はまったく新しい形の革命を望んでいる」。『ベルリナー・ツァイトゥンク』によれば、人でぎっしり埋まったアスカーニエン高校の講堂で魔女の集会が執り行なわれ、マンデルとドゥチュケが代わる代わる悪魔役をつとめた。

> 早々にドゥチュケは上着をコーナーに投げ捨てた。トロツキストの対戦相手をぶん殴るときには、袖をまくり上げた。彼が答えに窮することはけっしてなかった。彼は、パン焼き職人がパン生地の中のレーズンを扱うように、自分の主張を見事に練り上げ、多方面に展開するのである[98]。

ドゥチュケの日記はそれとは異なった光景を描き出

している。ドゥチュケは毛沢東を賛美したが、それに対するマンデルの批判は核心を突いていた。「毛沢東は人民による本当の自己組織を許さない」。ドゥチュケによればこれは「実に痛い指摘だった」。ドゥチュケはマンデルが自分よりも優れていると認めていた。「彼から学ぶべきことは多い」[99]。こうしてドゥチュケは、議論を受けつけない人間ではけっしてなく、思慮深くて自己批判のできる人間であることを示した。

一九六六年一二月、ジゼラとエルネストはついに結ばれた。メシュカトとの離婚は一九六六年六月には成立していたが、マンデルとの結婚はスカルベックにおいて一二月一〇日にようやく執り行なわれた[100]。もしこれ以上結婚式が先送りされていたなら、一月に予定されていたアジアへの出発が危うくなっていただろう。今や、インド、セイロン、シンガポール、香港、日本への二ヵ月間の旅が支障なく行なわれることとなった。旅行の費用は、マンデルが七本の連続論文を『ヌーベル・オプセルヴァトゥール』誌、ミラノの日刊紙『イル・ジョルノ』、ストックホルムの日刊紙『ダーゲンス・ニュヘテル』に売り込んで得た代金でまかなわれた。

チェ・ゲバラの死

キューバへの旅行は一九六五年〜六六年になって不可能になったけれども、ラテンアメリカ革命に関するマンデルの考察は発展し続けた。彼は、アルチュセールのもとで学んだ若き哲学者のレジス・ドブレを賞賛した。一九六五年一月、ドブレは『レ・タン・モデルヌ』誌に書いた論文の中で、カストロ主義をレーニン主義のラテンアメリカ版であると規定した[101]。マンデルは、その自然発生的な党形成に関するドブレの考えを即座に退けつつも、それを「すばらしい論文」だと誉めている[102]。マンデルは、キューバとモスクワとの関係についてはより慎重な判断を示した。

政治面ではキューバは自らの路線を保持し続けてい

る。……しかしながら、悪いことに、かの人物〈カストロ〉はロシア人を満足させるために一連の無原則的な動きをしている(中国および「反革命的トロツキスト」を攻撃していることに見られるように)[103]。

ハバナのチャップリン劇場での三大陸人民連帯会議の最終会合で、カストロは、「今日、政治の領域において愚かで不名誉で不快な存在であるのはトロツキズムだ[104]」と語った。

モスクワへのこうした追従は、武装闘争の呼びかけをカムフラージュするためのものに違いないとマンデルは考えた。というのも、モスクワは武装闘争の呼びかけをトロツキズムへの譲歩と解釈する可能性があったからであった。その後マンデルは、メキシコでのカストロの代理人たるビクトル・リコ・ガランとの秘密会談において、カストロが自らのこの発言を悔いていた、ということを知った。ガランはカストロに対して、トロツキズムに対するこの攻撃には根拠がないと指摘した。カストロは自らのあやまちを認め、「しかるべき時期にこのあやまちを公けに訂正するためには、一、二か月の時間的猶予」がほしいとガランに言った[105]。五月末に、思いがけないことに、マンデルはハバナ訪問の招待を受けた。キューバ大使は、カストロの個人的な招待であると伝え、オズワルド・ドルティコス大統領との会談が行なわれることを約束した[106]。

一九六七年六月、エルネストとジゼラはかつてのハバナ・ヒルトンに着いた。今では自由ハバナ・ホテルに改名されたが、そのかつての壮麗さは今なおしっかりと保持されていた。ホテルのバーでかつてのアメリカ人に取って代わったのが、ロシア人や若干の東ドイツの技術者たちであった。政治ははるか遠くの存在ではなくなっていた。ジゼラが気づいたところでは、美容室でさえ、「私の後ろに座っていた若い女性がレーニンを読んでいたし、向かいに座っていた女性は、ライト・ミルズの『マルクス主義者たち』を読んでいた[107]」。

流暢に英語を話すガイドが、クレジットカードや運転手付きのくたびれたキャデラックの手配を含むいっさいの面倒をみてくれた。ジゼラはこの貧しい国にたちまち魅せられた。彼女はメシュカトに宛てて、たばこ工場や砂糖工場、プランテーション、刑務所、学校などのさまざまなところへ訪問したこと、そこでのさまざまな出会いについて熱狂的な報告を書き送っている。「すべてがすばらしく、私たちに大きな勇気と希望を与えてくれるものでした[108]」。

日程は過密だった。エルネストはしばしば、大学や党学校での討論や講義からようやく午前一時や二時になってから戻ってきた。そこでの雰囲気は率直で気取らないものだった。八月初めにに開催が予定されていたラテンアメリカ人民連帯機構（ＯＬＡＳ）第一回大会に出席する多くのラテンアメリカ人との会合もそうだった[109]。エルネストとジゼラは、チェコスロバキアの『ルーデ・プラーボ』紙がソ連のコスイギン首相が到着したその日に、チェを中傷する三頁の記事を発表したことにひどく憤激した。ジゼラはこう書いている。「この国のあらゆるところで、いちばん高い地位からいちばん低い地位に至るまで、人々がロシア人についてどのように語っているのかを聞くべきです。私はいまだ社会主義者からそのようなことを聞いたことがありません[110]」。そのことを典型的に示すのが、カストロが、ゲリラ運動をしようとしないとしてベネズエラ共産党を非難したことだった[111]。キューバはロシアに依存していたにもかかわらず、カストロはロシアを挑発し続けたのだった[112]。

マンデルは、高い地位の役人とも低い地位の役人とも話したが、カストロとドルティコスは彼を避けていた。マンデルがもうキューバを出国すると告げると、そのたびに、「大統領〔ドルティコス〕と首相〔カストロ〕が会いたがっているから[113]」とどまってほしいという要請を一晩中受けるのだった。彼は、待ち続けるのにうんざりして、当初の計画よりも三週間遅れて、二人に会うことなく、とうとう出国することにした。そうした会談がなされたとしたら、それはおそらくロシア人に対するあまりにも露骨な挑発になっていただろう。カストロは、ラテンアメリカ連帯機構の大会で自らの独立性を十分に示したので、会談から何も得るものはなかったのである。

一九六七年一〇月九日、世界はエルネスト・チェ・ゲバラの殺害を知った。ゲバラは、ゲリラ戦争が勝利への唯一の道であると確信し、ボリビアでの闘争に加わったのだった。彼の死体は、ボリビアの奥深い村で発見された。これが、革命家、現代の司令官の死であった。左翼は喪に服し、詩人は挽歌を書き、その嘆きは反乱への呼びかけで結ばれた。『レ・タン・モデルヌ』誌の編集者であるゲルハルト・ホルスト（ペンネームはアンドレ・ゴルツ）によるインタビューの中で、マンデルは、「とてもショックでした。彼のことを個人的な友だとみなしていただけになおさらです」と語った。[114]『ラ・ゴーシュ』では、彼は、「偉大な友、模範的な同志、英雄的な戦士」[115]に哀悼の意を表明した。パリのサンミシェル大通りやベルリンのクアフュルシュテンダム（ベルリンの有名な大通りでSDSの本部がある）、ロンドンやミラノで人々は、「チェ、チェ、ゲ・バ・ラ！」と叫んだ。一語一語区切って発せられるこの言葉は既存の体制に対する闘いの合言葉になった。モスクワも北京も最小限の弔意すら表明しなかった。[116]イタリアとフランスの共産党は自らの哀悼の意を公けに表明することによって、今なおわずかばかりの自立性を保持していることを証明した。

フランス革命的共産主義青年同盟（ＪＣＲ）――共産党系の共産主義学生同盟から分裂して一九六六年に結成された急進グループ――におけるマンデルの支持者たちは、ゲバラの死を受け入れることを拒否した。「チェは、毛沢東主義の神話に対するわれわれの最良の解毒剤であった」とダニエル・ベンサイドは後に述懐している。[117]パリのカルチェラタン地区では、フランス労働運動の本山ミュチュアリテ会館には聴衆があふれ出んばかりになっていた。マンデルは、ハバナからもどったばかりのモーリス・ナドーやジャネット・「キューバ」・アベル〔JCRの活動家で、キューバ担当だったので「キューバ」のアベルと呼ばれていた〕とともに、演説した。彼は、一九六四年に直接会ったときのゲバラの様子を語った。[118] 会場の雰囲気が頂点に達したのは、参加者たちが、一九〇五年のロシア革命において葬送のデモ行進で歌われた「同志は斃れぬ」を静かに歌いはじめた時だった。歌に入る前に、「飢えたるすべての者のために君は斃れた」と叫び、やがていっせいに、「だが、時を告げる鐘が鳴り響き、人民が勝利するだろう…」と唱和した。[119]

ベルリンでも人々は深い衝撃を受けていた。SDSは行動を強めるよう呼びかけた。チェはドゥチュケの模範であった。SDSに属する同志であり友人であったチリのガストン・サルバトーレとともに、[120] ドゥチュケは、有名な「二つ、三つの、多くのベトナムを」の呼びかけがなされているチェの最後の声明をスペイン語からドイツ語に翻訳した。チェと同様に、ドゥチュケも「革命の外に人生はない」[121] という信念のもとに生きていた。彼は少し前に生まれた息子にホセア・チェという名前を付けた〔「ホセア」はヘブライの預言者の名前〕。ドゥチュケはラテンアメリカとの関わりをなくさなかった。一九六八年、彼は、レジス・ドブレ、カストロ、K・S・カロルらによる論文集『長征――ラテンアメリカ革命の行方』に序文を書いた。[122] メシュカトは、ジゼラからの手紙がこの本の中に収録されているのを見て驚いた。その手紙は、ジゼラが一九六七年夏にハバナから送ってきたものだった。メシュカトが知るかぎりでは、ドゥチュケは、手紙を読む許可を求めていただけだった。[123]

一九六八年、ベルリン――ルディ・ドゥチュケとともに

一九六七年夏、マンデルとドゥチュケはより親密になった。ドゥチュケは日記に次のように記している。

「ジゼラ、エルネスト、クラール〔アドルノのもとで学ぶ学生だったハンス・ユルゲン・クラール〕らと、組織問題に関する討論と、ベルリンでの会議に向けた予備的な理論的討論[124]」。その少し前、ドゥチュケとクラールは、フランクフルト大学の古い食堂で開かれたSDSの会議に、いわゆる組織問題報告を提出していた[125]。ドゥチュケがベルリンにとってそうであったように、クラールはフランクフルトにとって、文句なしの指導的イデオローグだった。SDSは劇的に発展しつつあり、二〇〇〇人のメンバーに加えて優に数倍の支持者を持っていた。大学の学生だけでなく、高校生や青年労働者にも支持は及んでいた。これらの青年たちは、大学の改革を求め、ベトナム戦争やギリシアの独裁体制、非常事態法、イランの「拷問皇帝」パーレビ国王(レザー・パフラヴィー)に反対していた。こうした行動に参加する中で、二六歳の学生ベンノ・オーネゾルクが殺されるという事件が起きた。一九六七年六月二日、彼はベルリンで警官に射ち殺されたのだ。これはその後一ヵ月間続く反乱の始まりとなった。

かつて学生のスローガンは「実践のないところに理論はない」というものだった。突如として、それは遠い過去のものになったようだった。今や問題は、いかなる戦略をSDSは選択すべきか、それに適した組織の型はいかなるものなのか、であった。マンデルは、この問題を一九六七年夏、ドゥチュケ、クラール、メシュカト、アルトファーター、クリスチャン・ゼムラー、ラベールや他の学生指導者たちと討論した[126]。彼らの取り組むべき課題は、「最良の同志たちを選抜してSDS内部に〔分派〕組織を結成すること、カードルを形成して……社会民主主義系組合の内部から前衛を建設すること[127]」であった。

ドゥチュケは自分の立場に固執した。メシュカトがマンデルに打ち明けたように、「これは継続性という点では確かに大きな危険ではあるが、同時に討論を通じて一歩ずつ合意に達するための機会でもあった[128]」。マンデルは、フランスのJCRの前例にならって、S

ＤＳのマルクス主義的翼を革命的社会主義青年組織に変えるようドゥチュケを説得し始めた。[129] ＪＣＲはゲバラ主義者とトロツキストの混成組織であり、反乱する青年層の中でかなり大きな影響力をもった反スターリン主義組織だった。[130] 二〇〇、あるいはせいぜい三〇〇人ほどの異端派集団には、カトリーヌ・サマリ、ジャネット・アベル、アンリ・ウェベール、ダニエル・ベンサイド、ピエール・ルッセ、アラン・クリヴィンヌのような人たちを含んでいた。これらの若者たちこそ、変革の風を背中に感じ取って、一九六八年五月に世界にその姿を刻印することになるスポークスパーソンたちだった。マンデルは、一九六五年の冬にブリアンソン近郊のアルプス高地で開催されたＪＣＲの創立会議に出席した。アラン・クリヴィンヌはマンデルを乗せて、警察の許可を得て真冬の山岳道を自動車で通過した。突風を伴う激しい雪と濃霧が視界を妨げた。スーツと上等の靴を履いていたマンデルは、運転手のクリヴィンヌに道を示すために、ひざの高さまである雪の中を一時間にわたって車を先導して歩かなければならなかった。二人ともびしょぬれで到着した。[131]

一九六七年一二月、ドゥチュケとクリヴィンヌとあいだで会談が行なわれた。マンデルはクリヴィンヌのことを「われわれの若いカードルの中で最も聡明で革命的な活動家の一人」だと語っていた。その数日前に、ドゥチュケは――マンデルの表現では――「われわれが極秘で話しあった特殊な問題に関係する……スペシャリストたち」[132]と会っていた。マンデルが言っていたのは、武器と兵員の輸送を阻止し、さらに可能ならばドイツの港からベトナムへ軍事物資を輸送していた船舶を爆破することによって、ベトナム戦争に対する妨害活動をするという決定のことであった。ミラノで出版業を営んでいたジャンジャコモ・フェルトリネッリ〔イタリアの伝説的な左派出版社の創業者〕が爆薬を提供した。[133] これに関与したグループは、ドイツ赤軍派（バーダー・マインホフのギャング団）とは何ら共通するものはなかった。一〇年後にドゥチュケはそう述懐している。自分たちが計画していた行動は、「物に対する暴力であって、人に対する暴力ではなかった」。そして、自分たちは、リスクが大きすぎると判断して、結局ダイナマイトをひっそりと海中に投棄した。[134]

マンデルはドイツでの事態に最大限の期待を寄せていた。[135]一九六七年一一月、ベルリンで、彼は一五〇〇人の学生に対してキューバとラテンアメリカについて話した。その二日後には、四〇〇〇名の聴衆に向けて演説した。そこに集まった人々全員が、ロシア十月革命の五〇周年を記念して赤旗を振っていた。その最高潮は、ベルリン工科大学の中央講堂で一九六八年二月一七日と一八日に開かれたベトナム反戦大会だった。マンデルはドゥチュケと並ぶ最も重要な演説者の一人だった。[136]この二日間、西ベルリンは、ドイツと近隣諸国から五〇〇〇人もの人々を結集した国際左翼反対派の一大センターと化した。[137]

それ以前の一九六六年一〇月においてさえ、ベトナム戦争に反対する人々がベルギーのリエージュでデモ行進を行なっていた。この抗議デモを主催したのは公式にはベルギーの社会主義青年団だったが、実際には第四インターナショナルであった。ここでも、さまざまな国々から数千人もの支持者が集まって、街頭を行進した。そこには、毛沢東派やトロツキストや若い共産党員やその他の急進派が含まれていた。[138]一九六七〜六八年のベルリンはそれを引き継ぐものであって、それにさらに知識人や著名文化人の支持者が加わった。[139]中央講堂には、南ベトナム民族解放戦線の巨大な旗が掲げられ、その下には「すべての革命家の義務は革命を行なうことである」とするチェの訴えが記されていた。二日間の熱気に満ちた演説にふさわしい舞台設定が整えられた。

パキスタンのラホールで生まれ、一九六三年以来イギリスのオックスフォードで暮らしていたタリク・アリは、学生運動の指導者でトロツキストであり、演説者の一人だった。彼の発言は拍手とスローガンのかけ声によってたえず中断された。演壇では、タリクはマンデルの隣に座っていたので、マンデルが彼のために通訳した[140]。マンデルは自分の演説では、アメリカは敗北する運命にあると聴衆に断言した。

諸君はみな、資本は頭のてっぺんから足のつま先まで、毛穴という毛穴から血と汚物をしたたらせながら生まれてくる、というカール・マルクスの有名な言葉を知っているだろう。……今日、われわれは、資本主義が、頭のてっぺんからつま先まで、毛穴という毛穴から血と汚物をしたたらせながら……崩壊しつつあるのを目撃している。……資本は死を宣告されている。われわれの責務は、受動的にそれを傍観するのではなくて……、積極的にそのための闘争に加わることである[141]。

マンデルが当局による暴力と『シュプリンガー』紙の中傷記事を非難した時、聴衆は彼が自分たちのことを支持してくれているのだとわかった。マンデルは、「若干の技術的な点についてだが」と言うと、聴衆は次に何が語られるのかとかたずを飲んだ。

諸君が日本の全学連学生[142]の写真を見たことがあるか知らないが、そこには、アメリカの原子力空母エンタープライズに反対してヘルメットとこん棒で武装して行進する隊列が写っている。……私が言うことができるのはただ、先週パリで急進派の青年がこの例にならったということであり、西ベルリンの学生も同じことをすることを検討しているのではないかと思う[143]。

演壇ではドゥチュケは議長の隣に、そしてマンデルはテーブルの端に座っていたが、大会のあいだしょっちゅう二人は視線を交わし、了解のうなづきがなされていた。それは二人の間に合意があることを示していた[144]。

主催者たちは、大会終了後にベルリン＝ダーレム地区の米軍基地へのデモ行進を計画していた。会場では、予測される軍と警察による暴力についての噂話が飛び交っていた。[145] 聴衆は、大会での討論に参加しながらも、催涙ガスにいかに対処し、警棒から身を護るためにいかに衣服を重ね着すべきかについて熱い会話を交わすといった具合だった。「それとヘルメットを忘れるなよ！」。

フランスＪＣＲの創設者でその指導者であるアラン・クリヴィンヌが、マイクの前に進み出て、フランスの学生運動とパリの急進的青年の役割について話した。遠くを見つめるような瞳、黒ぶち眼鏡とネクタイ――アナーキストにいつもからかわれていた――といった姿のクリヴィンヌは、どこかロマンチックな雰囲気をただよわせていたが、実は、「確固とした政治的使命感を持ったきわめて活動的なプラグマティスト」だった。[146] クリヴィンヌは、反戦大会のあいだドゥチュケの家に泊まった。[147] 二人は、大会の前の晩に到着した三〇〇人前後のフランス人参加者との議論の場を設定した。その日、フランス人代議員は、ベルリンにおける「ブルジョアジーの恐怖のまと」であるドゥチュケのことを知った。革のジャケットを着た、背の低いがっちりとした体型の人物を。彼はとても早口で話したので、通訳がその発言についていくのに苦労した。ドゥチュケは、黒板にデモコースを描き、危険地帯や防衛策や戦術について手短に話した。[148] 経験の豊富なＪＣＲのスペシャリストがデモ隊の安全を確保する任務を担当した。

二月一八日の土曜日の午後、その大部分が青年からなる約一万五〇〇〇人もの抗議集団が集まって、町中できわめて戦闘的なデモを繰り広げた。無数に翻る赤旗の海の上には、ローザ・ルクセンブルク、カール・リープクネヒト、チェ・ゲバラ、ホーチミンの巨大な肖像が高く掲げられていた。時々デモ隊の一部が立ち止まり、それから駆け足で前進して、リズムに合わせてスローガンを叫ぶのだった。ベルリンがこのような壮大な光景を目撃するのは一九三〇年代以来だった。

一九六八年四月一一日の午後五時二三分、ベルリンのドイツ通信社が次のような速報を配信した。「木曜日午後、SDSのイデオローグ、ルディ・ドゥチュケが身元不明の襲撃者に銃撃された」と。ドゥチュケは、顔に致命的となりかねない傷を負った。発砲者のジョセフ・エルウィン・バフマンは、ミュンヘン出身の未熟練塗装工であった。彼は、クアフュルシュテンダムにあるSDS本部の五〇メートル先で犠牲者を待ち受けていたのだった。引き金を引いた時、彼は怒りの叫びを発した。「この共産主義の豚め！」(149)。

しばらくの間、右翼界隈は暴力的空想にふけっていた。『シュプリンガー』紙に鼓舞されて、右翼の敵意は個人に向けられるようになった。二八歳のドゥチュケは「公共の敵ナンバーワン」の烙印を押されていた。まっさきに彼を片づけなければならなかった。「ドゥチュケをガス室送りにしろ」「このギャングを始末しろ！」「政敵を強制収容所送りにしろ！」(150)。まさに襲撃の当日、襲撃が怖くないのかとの問いに、ドゥチュケはこう答えていた。「怖くない。それは起こりうることだが、友人たちが警戒してくれている。私はいつも一人では旅行しない。もちろん、精神のバランスを失ったいかれた連中がパニックに陥って襲撃してくる可能性はある」(151)。その数時間後、彼を襲う銃声が鳴り響いたのである。

ドゥチュケは七時間も手術台に横たわり続けた。学生たちは、魔女狩り新聞『シュプリンガー』紙の発行を阻止するために街頭に繰り出た。マンデルはパリからロンドンのタリク・アリに電話した。翌日、二〇〇〇人の人々がロンドンのドイツ大使館前と『シュプリンガー』紙のイギリス事務所に対してデモを敢行した(152)。ブリュッセルでは、若者たちが「二つ、三つ、多くのベルリンを」という連帯のスローガンを叫んだ。同様のシーンがパリでも見られた。三、四〇〇〇人のJCRメンバーはドイツ大使館を包囲した。サンミシェル大通りで警官との衝突が起こった(153)。イースターの土曜日にはドゥチュケは危機を脱していた。しかし、頭の中の弾丸は深刻な言語障害を後遺症として残した。その回復はゆっくりであり、周期的なけいれん発作に見舞われながら生活しなければならなかった。

襲撃前のドゥチュケの最後の日記は次のようなものだった。「パリ……についてはとても喜ばしい。同志たちが……やってくれた。フランスのさまざまな左派潮流が同じテーブルに着いたのだ。五月一日、僕はそこで演説をする……」[154]。その一九六八年五月は、フランス史上最大のストライキと抗議行動として歴史の中に入ることになるのだが[155]、この闘争はドゥチュケなしに始まったのである。

ドゥチュケは、ドイツを出てあの災厄の現場から離れたいと思った。最初、彼はスイスに短期間滞在し、心理学者トーマス・エールライターの助けで回復のための治療を続けた。それからイタリアに向かった。ドイツの作曲家ハンス＝ヴェルナー・ヘンツェ〔現代クラシック音楽の大家〕の招きでローマの南にあるマリノに赴いたのだ。しかし、彼が望んでいたよりも早く政治が彼を呼びに来た。ベルリンから悪い知らせが届いた。「クリスチャン〔・ゼムラー〕が電話してきて、ロシアの卑劣な策謀を伝えた――チェコスロバキアが占領された。プラハにいた時、私はそんなことは不可能だと思っていた。だが、そこの学生たちははるかにリアリストだった」[156]。「なんという卑劣漢、野蛮人、裏切者たちだ」[157]。

ヘンツェの別荘でのドゥチュケの滞在をマスコミから隠すことはできなかった。知られてしまった以上、もはや彼には平和はなくなった。八月、妻のグレッチェンは彼のビザの手配をするためにアメリカに飛んだ。その間、ドゥチュケは、秘かにブリュッセルに行き、そこで、ジョス・アンパン通りのマンデルの家に滞在した。そこで、彼は自分のための安息の地を得た。ジゼラとマンデルは九月から一一月までカナダとアメリカへ旅行中だったからである[158]。マンデルは、全米トップ二五に入るような諸大学で講義を行なっており、ジゼラは、アメリカ社会主義労働者党（ＳＷＰ）の招きでヨーロッパの学生の抗議運動について講演していた。[159] エルネストは母親から、ドゥチュケが極度に厳しい状況下にあるとの知らせを受けた。ベルリンの友人たちがドゥチュケに、カナダがビザの発行を拒否したと伝えに来た。彼は、当局が盗聴しているかもしれないという可能性を無視して、ジョス・アンパン通りのマンデルの家からアメリカ滞在中の妻グレッチェンに電話しようと試みた。その翌日には警察がさっそく国外退去命令を持って玄関に現われた。[160] この時のストレスで、ドゥチュケは痙攣の発作を起こした。友人たちはドゥチュケを検査のためにベルリンに運ぶことにした。マンデルが母親のローザからの手紙で知ったところでは、「彼〔ドゥチュケ〕は私〔ローザ〕に、友人たちが自分を車で医者のところに運んだとは妻には言わないでほしい、自分で運転して行くことにしたということにしてほしいと私に頼みました。どうかそういうことにしてほしいと！[161]」。母親は自分の懸念をマンデルに伝えようとして、こう続けた。

彼を一人にしてよりくつろげるようにするために私は全力を尽くしました。……ただ彼が病気になったことだけが少し心配でした。友人の助けが必要なことは明らかです！　親愛なるエルネスト、家にいた小さい時から、あなたはいつも友達を助けてきました！[162]

ドゥチュケは、死後に出版された自伝『まっすぐ進む——断片的自伝』の中で、マンデルの家で二週間滞在した後、当局によって「好ましからざる人物」だと宣告されたと記している。[163]

一九六八年のパリ——バリケードにて

一九六七年一〇月、『レ・タン・モデルヌ』誌は、マンデルに対して「ヨーロッパとアメリカの発達した諸国における社会主義革命の性格と発展」に関する論文を書くよう要請した。[164] マンデルはこの考えを大いに気に入った。社会的、政治的、心理的雰囲気がどのように変わりうるのかは、彼が一貫して関心を持ちつづけた問題であった。マンデルが探求したのは、労働者が、これまで日常的に受け入れて来た新資本主義体制にいかに背を向け、前革命的情勢へと移行し、続けて革命的情勢へと移行しうるのか、であった。彼は皮肉たっぷりにこうコメントした。「この種のテーマについてはそれほど多くの競合相手はいないだろう」。マンデルは非現実主義的ではなかった。[165]

西ヨーロッパで革命が日程にのぼっているとあえて主張する者は誰もいなかったろう。少なくとも、フランスではそうだった。この国には、慢性的な経済危機は存在せず、絶望的な戦争にはまっているわけでもなかったし、西ドイツや日本に匹敵するような学生運動も存在していなかったからである。それにもかかわらず、一九六八年五月に火山が爆発し、労働者階級が体制内化したとするあらゆる理論の誤りを示した。『レ・タン・モデルヌ』紙は、ようやく一九六八年六月になって、その論説で「西ヨーロッパの一つの国で、そしておそらくは二つないし三つの国で社会主義革命が不可能ではないということをわれわれは知っている」[166]と論じた時でさえ、その口調にはどこかまだ不信のようなものが見られた。

マンデルは結局『レ・タン・モデルヌ』紙には論文を書かなかった。騒乱の真っ只中にあって、まったく時間がなかったのだ。「『革命の経験』をすることは、それを書くことよりも愉快であり、有益である」とするレーニンの至言[167]は間違いなくマンデルにも当てはまった。とはいえ、理論的にこのテーマを論じる準備が彼にできていなかったわけではない。

一九六〇年～六一年におけるベルギーのゼネストは、マンデルを西ヨーロッパ革命の新しい理論へと導くことになった。彼は、一九一八年のドイツ革命や一九四一年[168]～四五年のユーゴスラビア革命にもとづくのではなく、人民戦線内閣の登場にともなって工場占拠の波が巻き起こった「一九三六年六月のフランスのゼネスト」に、「そしてより小さな程度でだが、一九六〇年～六一年のベルギーのゼネスト」にもとづく、革命の類型学を展開した。[169] 一九六五年六月に彼が書いたように、福祉国家における労働者も社会的・政治的・軍事的危機に応じて急進化する。

そしていったん労働者が急進化するなら、ますます射程の長い運動を開始し、その過程の中で、自分たちの直接的な諸要求を反資本主義的構造改革の綱領に結びつけはじめ、ついには、闘争がゼネストにまで至り、体制を転覆するか、あるいは二重権力をつくり出すということも、まったくもってありうることである。[170]

マンデルの理論は一九六八年五月の事態に完全に合致していたわけではなかったが、この時に起こったことを理解するための十分な材料を提供するものであった。[171]

青年と労働者によるこの反乱において、マンデルは、理論家および政治分析者としてだけでなく、ベルリンでそうであったように、論争に直接加わるアジテーターとしても貢献し、またパリの「バリケードの夜」では戦闘への直接の参加者として貢献した。この反乱の目標は、そのより早期の形態においては、アルジェリアの植民地戦争や一九六〇年代半ばにおける労働者の騒乱にまでさかのぼることができる。その目標は単純で大胆なものだった。「アメリカ帝国主義打倒、ドゴール体制打倒！」であった。五月三日、軍隊がソルボンヌ大学〔パリ第四大学〕に導入され、ナンテール大学〔パリ第十大学〕の封鎖に反対してデモをしていた学生たちを逮捕した。同校はベトナム反戦と反動的大学改革反対の拠点だった。ナンテール大学は、学生と労働者との統一が初めて実現した場所でもあった。ソルボンヌ大学への軍隊導入は、カルチェラタン〔パリの有名な学生街〕での数週間にわたる衝突を引き起こし、それが今度はこの国のほぼすべての産業とすべての地域における一大ストライキにつながるのである。このストライキには約一〇〇〇万人の労働者が参加した[172]。

五月九日、木曜日の夜、ＪＣＲはミュチュアリテ会館で集会を開き、そこには、ダニエル・ベンサイド、アンリ・ウェベール、エルネスト・マンデルがいた。ベンサイドとダニエル・コーン＝バンディ〔コーン＝ベンディット〕は、ナンテール大で結成された「三月二二日運動」を推進する原動力となっていた。アンリ・ウェベールは、社会学者で、その当時はアラン・クリヴィンヌの右腕だった。ミュチュアリテ会館のホールには、ドイツ、イタリア、ベルギーからの代表たちがやって来ていた。午後の間ずっと、ソルボンヌ大学前の広場を何百人もの学生が占拠し続けていた。この有名な「座り込み《シットイン》」においてコーン＝バンディは、共産党の機関紙『ユマニテ』、この「スターリニストのクソ新聞」が極左と呼ぶものへの誹謗中傷をやめようとしないことへの釈明を傍観者ルイ・アラゴン〔共産党系の詩人〕に求めた。その場でＪＣＲは、夜の自分たちの集会を、広範な統一と団結を誇示する絶好の機会にしようと決断した。ＪＣＲの活動家たちは自分たちの党派の旗やポスターの類を撤去し、「青年――反乱から革命へ」と書かれた横断幕の下に設置されたステージの一角にコーン＝バンディを招いた。会場の内も外も、階段も廊下も、人でぎっしり埋まっていた。

マンデルが演壇に上がった。スーツとネクタイを身につけ、度の強い眼鏡の奥から人なつこいまなざしを投げかける彼は、間違って反乱の中に迷い込んだかのように見えた。しかし、ひとたび演壇に立つと、そのイメージは一変し、熱情と興奮で火花を発した。ボリビアの土地占拠、スイスの工場占拠、プラハのデモを取り上げ、フランスの学生の抗議行動を、世界中で巻き起こる暴風雨の一環として位置づけた。締めくくりに、彼はこう宣言した。

この世界的な闘争が成人労働者を巻きこむことに成

功した暁には、今日の前衛を人民大衆の先頭に立つことのできる強力な革命党に作り変えることができるだろう。……労働者とともにある場合のみ、われわれは無敵だろう。労働者とともにある場合のみ、五〇年前に十月革命とともに開始された偉大な事業を完遂させ、世界社会主義革命を勝利させることができるだろう。[173]

コーン＝バンディとベンサイドは熱烈に統一と団結を呼びかけ、意気盛んな聴衆に向けて、「明日の夕刻、ベルフォールのライオン像の下に集まる」よう指示した。このライオン像は、ダンフェール・ロシュロー広場にあり、普仏戦争でプロシア軍に徹底抗戦したフランス軍兵士の記念碑〔のレプリカ〕である。

五月一〇日午後、およそ三万五〇〇〇人の学生のデモ隊は、警官隊に側面を固められながら、ライオン像から出発した。サンミシェル大通りを通り、閉鎖されたソルボンヌ大学を過ぎ、リュクサンブール公園の横を行進しているあいだは、隊列は静かだった。[174] セーヌ川にかかる橋は封鎖されており、カルチェラタンは機動隊によって包囲されていた。群衆は、「われわれは最後までやり抜くぞ！」といったスローガンをたえず叫び続けた。離脱することを考える者は誰もいなかった。突如としてズシンという鈍い音がし、それを合図に、デモの参加者たちが石畳の舗道を壊しはじめた。「カルチェラタンはわれわれのものだ！」という叫び声が響き渡った。その瞬間から、パリ・コミューンの日々がよみがえった。パンテオンを背にして、ゲイリュサック通りからウルム通りまで、高さ数メートルのバリケードがいくつもそびえ立った。これで、どちらがどちらを包囲しているのかわからない状態になった。やって来る軍隊と警官隊の数が増していくにつれて、バリケードもますます高くなった。夜のとばりが降りると、群衆の意気はますます高まった。街路樹が切り倒され、車がひっくり返された。まるで競い合うかのように、はがされた敷石のバリケードは、咲き誇る花の入った鉢、赤旗や黒旗、横断幕、さらにはさまざまな骨とう品で飾られた。その夜、エルネストとジゼラは、カルチェラタンの中心にあるゲイリュサック通りでバリケード作りを手伝っていた。そのそばでは、アラン・クリヴィンヌ、ピエール・ルッセ、ダニエル・ベンサイド、アンリ・ウェベール、ジャネット・アベルもバリケードを作っていた。ジャネットの傍らには、アルゼンチン革命的労働者党（ＰＲＴ）の指導者ロベルト・サントゥーチョがいた。彼は、ラテンアメリカのゲリラの一団を伴ってパリ経由でキューバに向かう途中だった。[175] 午後一一時頃、ＪＣＲは包囲された地域の中に闘争本部を設置した。ゲイリュサック通りでは支持者の一人が旅行代理店を経営していて、ＪＣＲの活動家たちは、バリケードに立っていない時には、ブラインドを降ろしたその代理店の一階に集まってきた。伝令が行き来していた。代理店の前に設置された拡声器は、バリケードを作っている人々に向けて、大学当局との交渉についての情報を伝え続けていた。[176]「われら同志たちの夜だ」、知っている人も見知らぬ人もそう言って抱き合った。「君もここに？」「こんな機会を逃すことなんてできないよ。こんなことは久しぶりだ！」　マンデルとニコス・プーランツァスが最後に話をしたのは、フランクフルトのゲーテ大学で一九六七年九月に三日間開催されたマルクス研究討論会議においてだった。この時の討論では、二人は互いに相手に対して容赦しなかった。だがバリケードの場では話は別だった。「理論哲学の後には実践哲学、論争の後には統一戦線。そうじゃないか？」[177]。ペリー・アンダーソンもまったく同意見だった。

　その夜の深夜一二時を回った頃、警官隊から逃れた一握りの同志たちが、放たれた催涙ガスの煙の中から目を真っ赤にして、ウルム通りの高等師範学校《エコール・ノルマル・スペリュール》に次々と駆け込んで来た。それらの同志たちの中には、ベンサイド、ウェベール、ルッセ、クリヴィンヌらがいた。[178] ジゼラも、その日の午前二時半から警官隊の攻撃が始まった時、そこから脱出した。バリケードの一つからマンデルは燃え上がる炎と破壊の模様を目撃していた。『オブサーバー』誌の記者は、マンデルが「素晴らしい！　これこそ革命だ！」と叫ぶのを聞いた。[179]ジゼラの車もたいまつのように炎に包まれて燃え上がり、二人は歩き通すはめになった。へとへとになって、二人はようやく、バスチーユ近くのヴァンセンヌ通りのアパートにたどり着いた。[180]

「六八年五月」が始まった。二日後の五月一三日、一〇〇〇万人もの労働者がストライキに突入し、工場が占拠された。一〇〇〇万人ものパリ市民が街頭に繰り出した。「団結すればわれわれは無敵だ」。第四インターナショナルは、政治的にだけでなく物質的にもこの闘争に全力を結集した。ストライキのせいで燃料が不足した。ベルギーとドイツの同志たちが一日おきにやって来た。彼らの車には石油のポリタンクがぎっしり積まれていた。フランスから脱出しなければならなかった人々は、ブリュッセルやケルンやフランクフルトで受け入れられた。

　五月九日におけるマンデルの演説は、〔五月革命の中心地である〕カルチェラタンとは別方面〔警察〕からの関心を引いた。七月初頭にスペイン旅行から戻ってきたマンデルとジゼラは、早朝にナルボンヌ〔スペイン国境近くのフランスの都市〕のホテルのベッドにいるところを、突然、警察への出頭を命じられた。マンデルは、それ以前の六月一〇日付けの命令でフランスへの入国を禁止されていたのだ。だがマンデルはそのことについてまったく知らされていなかった。[181]ジゼラは旅行を続ける許可を得たが、マンデルは一二時間以上にわたって警察署に拘留され続けた。彼には食料として塩漬けの豚足だけが与えられ、それを一本のスプーンで食べるよう強制された。ナイフとフォークを与えると危険だからという理由であろう(182)。マンデルは、治安部の二人の警察官に付き添われて列車でベルギー国境まで移送された。一等席だった(183)。フランスにおける「好ましからざる人物」という地位が解除されたのはようやく一九八一年になってからである(184)。

パリはペトログラードにはならなかったし、一九六八年五月は一九一七年一〇月にはならなかった。反乱は革命にならなかった。それでも、ヨーロッパの左翼は、外国からの報道で革命を伝えられるだけという長い時期を経て、ついに、革命とはどのようなものなのかを突如として自分の目で目撃することになったのだ。ベトナム、キューバ、アルジェリアは依然として「われわれの闘争」ではあったが、六八年五月はもはや象徴的なものではなく、現実のものであり、その直接的な影響があちこちで認められ、確認された(185)。

政治文化におけるこのような転換はどこから来たのか？　諦めから反抗へ、従順から反乱への変化はなぜ生じたのか？　そして、もう一度、何が決定的なブレイクスルーへと向かうのを妨げたのか？　なぜ反乱は未完のままにとどまったのか？　スペインから戻った直後に、マンデルは、こうした諸問題を『レ・タン・モデルヌ』誌と『ニューレフト・レビュー』誌に発表した論文「一九六八年五月の教訓」で提起した(186)。彼はこう述べた。「六八年五月」は新資本主義の諸矛盾の結果であった。生活水準は上昇していたが、人々の要求はそれ以上のものに高まっていて、それはとりわけ民主主義を求め、疎外に終止符を打つことを求めていた。西側は一九二九年のような破局を経験していなかったが、景気後退を免れることはほとんどなかった。六八年五月の爆発をもたらしたのは大学教育の危機だが、それは、計画化によって長期的な労働コストを吸収することで通常の労働組合活動の余地をまったく残さないようなシステムによっていっそう強められた。このことが抵抗を爆発的で暴力的なものにしたのだった。

客観的な社会経済的要因の分析に関しては、マンデルはそれ以前の研究で詳細に行なっていた[187]。新しかったのは、六八年五月の中で姿を現わした革命モデルに関する彼の考察であった。この反乱は、一九三六年のフランスや一九六〇年〜六一年のベルギーにおけるゼネストとの類似性を示していた。六八年五月は、マンデルに四つの側面から自らのモデルを練り上げる助けとなった。

第一に、彼は行動の爆発的性格、すなわちストライキ、座り込み、工場占拠、デモ行進、弾圧部隊との対決という組み合わせに注目した。彼はこれらすべてを自然発生的に起こった抵抗の形態だとみなした。これらの行動は、それに反対する人々や共産党や労働総同盟（CGT）が主張していることとは反対に、学生の中産階級的出自とは無関係であり、政治的未熟さや挑発とも無関係であった。第二に、プロレタリアートは、ひとたび行動に立ち上がるなら、自然発生的に自らの力を自覚するようになると彼は指摘する。既存の秩序はブルジョア的秩序であり、ゲームにおいて相手方（ブルジョアジー）のルールが尊重されているかぎり、この秩序に対するいかなる攻撃も無駄であることをプロレタリアートは理解するようになった。第三に、彼は、若い労働者ほど急進的な行動形態を擁護することに着目した。このことはすべての革命によって確認されている。実験はまず最初に少数派によってなされるものなのだ[188]。最後に、マンデルはこう述べている。六八年五月は、労働者管理やその他の反資本主義的構造改革を徐々に制度化して確立していくという考えが幻想であることを示した、と。

五月の爆発が大衆的規模でなされたにもかかわらず、ドゴール体制はその権力を確固として維持した。五月革命における前衛、最も意識的で活動的なグループは、より広範な運動と十分に結びついてはいなかった。にもかかわらず、労働者は、直接的な経済的要求以上のものに関心を寄せた。たとえば、パリの印刷所では、労働者は『フィガロ』紙の不正確な見出しの修正を要求し、ストライキを中傷する『ナシオン』紙の記事を印刷することを拒否した。それでもやはり、マンデルはペリー・アンダーソンに宛てて、そこには限界があったと強調している。

労働者は「純然たる」労働組合的目標を本能的に退けていたが、それを補完するべきが何であるのかを総じて理解していなかった。賃金要求から労働者管理や労働者権力への「意識的飛躍」を実現するためには、危機に先立って、過渡的諸要求（反資本主義的構造改革）の宣伝と教育（アジテーションや行動を含め）が必要だったのだ。[189]

レーニン主義的な正統性に忠実であったマンデルは、大学での影響力に匹敵するほどの影響力を主要な諸工場でも持っているような前衛が存在していないことを指摘した。マンデルはさらに次のように付け加えた。たとえそうした前衛が存在していたとしても、フランスが社会主義を目前にしていたとか、「フランスの十月」が最後のコーナーを曲がろうとしていたとは思わない、と。しかし、彼は、二重権力状況への突破口としてのフランスの「二月」が起こっていたかもしれないと考えた。そうなっていれば、フランスとヨーロッパの歴史において決定的なページがめくられたであろう。このようにマンデルはみなした。

原注

（1）Lenin, *Collected Works*, vol.25, Moscow, 1977, p.497.〔レーニン「国家と革命」『レーニン全集』第二五巻、大月書店、五三三頁〕

（2）P. Anderson, *In the Tracks of Historical Materialism*, London. P. Anderson, *Considerations on West-*

ern Marxism, London, 1977.〔ペリー・アンダーソン『西欧マルクス主義』新評論社、一九七九年〕

（3）E. Mandel, Marxist *Economic Theory*, vol, 2 London, pp.605-653.〔マンデル『現代マルクス経済学』Ⅳ、東洋経済新報社、一九七四年、八六一頁～九三〇頁。以下、この著作は『現代マルクス経済学』と表記する〕

（4）E. Mandel, 'Introduction' in E. Preobrazenskij, *La Nouvelle économic (Novaia Economika)*, Paris, 1966. P. Naville to E. Mandel, 20 May 1962, E.Mandel Archives, folder 278. A・エールリヒはプレオブラジェンスキーのこの著作を以下の著作で分析している。A. Erlich, *Soviet Industrialization Debate, 1924-1928*, Cambridge MA. 1960, C. Samary, *Plan, Market, Democracy*, Amsterdam, 1988.

（5）P. Naville to E. Mandel, 17 September 1960. E.Mandel Archives, folder 318.

（6）E. Mandel, 'Introduction', *La Nouvelle économic*, E. Preobrazenskij, p.35.

（7）M. Löwy, *The Marxism of Che Guevara: Philosphy, Economics, and Revolutionary Warfare*, New York, 1973.

（8）'Interview with Che Guevara', *L'Express*. 25 July 1963. 以下から引用。E. Guevara, *Ecrits d'un révolutionaire*, Paris, 1978, p.9.

（9）Guevara, *Socialism and Man in Cuba*, Sydney, 1988, p.5.〔『ゲバラ　世界を語る』中公文庫、二〇〇八年、六二頁〕

（10）Jack [E.Mandel] to 'Chers Amis', 18 October 1960, E. Mandel Archives, folder 70. E. Germain [E. Mandel] to 'Cher camarade', 1 July 1961, E. Mandel Archives, folder 483.

（11）Ibid.

（12）G. Arcos Bergnes [Cuban ambassador] to E. Mandel, 12 September 1962, E. Mandel Archives, folder 16.

（13）ザヤス・パソスは「デヴィッド・アレキサンダー」という筆名を使って、一九六七年にキューバに関する本を出版している。*Cuba: la via rivoluzionaria al socialismo,* Rome, 1967. 彼はまたエミールという偽名で手紙を書いた。

(14) H. Gadea, *Che Guevara: años decisivos,* Mexico, 1972. P. Kalfon, *Che, Ernest Guevara: Une Légende du siècle,* Paris, 1997.

(15) N. Zayas to 'P. Frank', 20 October, 1963, E.Mandel Archives, folder 23.

(16) N. Zayas to 'Cher camarade', 25 October, 1963, E. Mandel Archives, folder 21.

(17) A. Mora, 'En torno a la cuestión del funcionamiento de la ley del valor en la econimia cubana en los actuales momentes', *Comercio Exterior,* June 1963. これはさらに次の翻訳がある。A. Mora, 'Zur Frage des Funktionierens des Wertgesetzes in der cubanischen Wirtschaft zum gegenwärtigen Zeitpunkt、, in C. Bettelheim et al., *Wertgesetz: Planung und Bewusstsein: die Planungsdebatte in Cuba,* Frankfurt on Main, 1969. アルベルト・モラはキューバの外国貿易大臣だった。

(18) E. Guevara, 'On value' (1963), in J. Gerassi, ed., *Venceremos! The Speeches and Writings of Che Guevara,* London, 1969, pp.280-285.〔E・ゲバラ「価値の概念について　この問題についての若干の主張に応えて（『ゲバラ選集』第三巻、青木書店、一九六九年、二三一頁〕。

(19) N. Zayas to 'Cher camarade', 25 October, 1963, E. Mandel Archives, folder 21.

(20) N. Zayas to E. Germain, 16 January 1964, E. Mandel Archives, folder 22.

(21) E. Mandel,'Le grand débat économique à Cuba', *Partisans,* no. 37, 1967. これは次のものに再録されている。E. Guevara, *Ecrits d'un révolutionnaire,* Pairs, 1987.

(22) E. Mandel, letter fragment, n.d. [1964], E. Mandel Archivies, folder 26.

(23) E. Mandel to R. Blackburn, 12 February 1964, E.

Mandel Archives, folder 28. E. Mandel to N. Zayas, 12 February 1964, E. Mandel Archives, folder21.

(24) Nelson to Germain, 16 February1964, E. Mandel Archives, folder19.

(25) E. Mandel to 'cher ami' [L. Maitan], 3 March 1964, E. Mandel Archives, folder 22.

(26) E. Mandel to L. Maitan, 7 March 1964, E. Mandel Archives, folder 22.

(27) L. Maitan, manuscript memoirs(unpublished), Paris, n.d., pp. 3, 19-20.

(28) E. Mandel to L. Maitan, 10 June 1964, E. Mandel Archives, folder 24. 'Che Guevara was Energetically Devoted to Anti-Imperialist Solidarity', interview with M. Piñiero, *The Militant*, 24 November 1997.

(29) *La Gauche*, 9 May 1964.

(30) E. Mandel to Paul [Clerbaut], 7 May 1964, E. Mandel Archives, folder 23.

(31) マンデルは、まもなくキューバで自分の『現代マルクス経済学』が出版されるだろうと期待していた。ただし、「明らかに」ソ連経済に関する章は含まれることはないだろう（「われわれがキューバの人々を困らせる必要はまったくない」）。E. Mandel to Paul [Clerbaut], 7 May 1964, E. Mandel Archives, folder 23. マンデルはフランスの出版社に宛てて、「共和国の大統領［オズワルド・ドルティコス］自身がこの著作の出版に関心を持っていて、キューバでスペイン語版を出版することを望んでいる」と書いている。E. Mandel to C. Bourgois, 28 May 1964, E. Mandel Archives, folder 278.

(32) E. Mandel to Paul [Clerbaut], 7 May 1964, E. Mandel Archives, folder 23.

(33) Ibid.

(34) C.Bettelheim, 'Forms and Methods of Socialist Planning and the Level of Development of the Productive Forces', *The Transition to a Socialist Economy*, Atlantic Highlands, NJ, 1975, pp. 121-38.

(35) J. Cormier (in collaboration with H. Guevara Gadea and A. Granado Jimenez), *Che Guevara,* Monaco, 1995, pp. 291-292.

(36) E. Mandel, 'Mercantile Categories in the Transition Stage', in B. Selverman ed., *Man and Socialism in Cuba: The Great Debate,* New York, 1971, p.63-66. S. de Santis, 'Bewußtsein und Produktion: Eine Kontroverse zwischen Ernesto Che Guevara, Charles Bettelheim und Ernest Mandel über das ökonomische System in Kuba', *Kursbuch,* 18, October 1969.

(37) E. Mandel, 'Mercantile Categories in the Transition Stage', in B. Silverman ed., *Man and Socialism in Cuba,* p.82. R. Massari, *Che Guwvara: Pensiero e politica dell、utopia,* Rome, 1987.

(38) E. Mandel, 'Mercantile Categories in the Transition Stage', *Man and Socialism in Cuba,* p.82.（強調はママ）

(39) E. Mandel, 'Las categorias mercantiles en el periodo de transición', *Nuestra Industria,* June 1964.

(40) J. Habel, 'Le sens que nous donnons au combat du Che Guevara'(1), *Rouge,* 13 October 1977.

(41) E. Mandel to A. Eguren, 5 August 1964, E. Mandel Archives, folder 25.

(42) F. Buyens, *Een mens genaamd Ernest Mandel,* film, Brussels, 1972.

(43) E. Mandel, 'Il y a dix ans, l'assassinat du Che, Les positions du Che Guevara dans le grand débat économique de 1963-1965', *Rouge,* 11 October 1977.

(44) Ibid.

(45) E. Mandel to 'Paul' [Clerbaut], 7 May 1964, E. Mandel Archives, folder 23.

(46) E. Mandel to 'Emile'[N. Zayas,], 26 May 1964,E. Mandel Archives, folder 24.

(47) E. Mandel to A. Eguren, 5 August 1964, E. Mandel Archives, folder 25.

(48) E. Mandel to 'Lieber Freund' [G. Jungclas], 22 May

1964, E. Mandel to K. Coates, 10 May 1964, E. Mandel Archives, forder 23.

(49) Emile to E. Mandel, 5 July 1964, E. Mandel Archives, folder 25.

(50) Emile to E. Mandel, 13 August 1964, E. Mandel Archives, folder 25.

(51) Emile to 'Cher ami' [N. Zayas], 12 October 1964, E. Mandel Archives, folder 25.

(52) E. Mandel to A. Eguren, 25 September 1964, E. Mandel to Emile, 11 November 1964, E. Mandel Archives, folder 26.

(53) Emile to E. Mandel, 27 September 1964, E. Mandel Archives, folder 26.

(54) E. Mandel to J. Vazquez Mendez, 2 November 1964, E. Mandel Archives, folder 26.

(55) E. Guevara, 'At the Afro-Asian Conference', *Che Guevara Speaks*, New York, 1967, pp.108, 114.

(56) P. Kalfon, *Che, Ernesto Guevara: Une légende du siècle*, p.402.

(57) Ibid. 次のものを参照すること。P. Robrieux, *Notre génération communiste 1953-1968*, Paris, 1977, pp.316-317.

(58) E. Mandel to L. Maitan, 10 June 1964, E. Mandel Archives, folder 24.

(59) E. Mandel to 'Dear friend' [I. Tabata], 19 May 1965, E. Mandel Archives, folder 31.

(60) E. Mandel to 'Pierre', 1 March 1965, E. Mandel Archives, folder 30.

(61) P. Robrieux, *Notre génération communiste 1953-1968*, p.317.

(62) E. Guevara, 'Vietnam and the World Struggle for Freedom', *Che Guevara Speaks*, p.159

(63) E. Mandel to A. Eguren, 5 August 1964, E. Mandel Archives, folder 25.

(64) E. Mandel to E. Federn, 18 February 1962, E. Mandel Archives, folder 677.

(65) 'Bundesverdienstkreuz für dr Scoltz', *Mühlacker Tagblatt*, 11 October 1968. Author、s interview with K. Meschkat, 10 September 2004.

(66) ゴットフリート・ベンについては、以下を参照。H. Lethen, *Der Sound der Väter: Gottfried Benn und seine Zeit*, Berlin, 2006.

(67) 筆者によるモラウェへのインタビュー、二〇〇五年七月一三日。

(68) K. Meschkat, *Die Pariser Kmmune von 1871 im Spiegel der sowjetishcen Geschichtsschreibung*, Berlin, 1965.

(69) U. Chaussy, *Die drei Leben des Rudi Dutschke: Eine Biographie*, Darmstadt, 1983. M. Karl, *Rudi Dutschke: Rebolutionär ohne Revolution*, Frankfurt on Main, 2003.

(70) S. Freud, *The Ego and the Id*, London, 1949.〔フロイト『自我とエス』『フロイト著作集』第六巻、人文書院、一九七〇年〕P. Gay, Freud: A Life for Our Time, New York, 1988.

(71) G. Scholtz to E. Mandel, 13 June 1965, G. Scholtz Archives. この数年間のジゼラ・ショルツとエルネスト・マンデルとの往復書簡のうち、ジゼラからマンデルへの手紙しかアルヒーフでは見つからず、マンデルからの手紙を見つけ出すことはできなかった。

(72) G. Scholtz to E. Mandel, 10 June 1965, G. Scholtz to E. Mandel, 13 August 1965, G. Scholtz Archives.

(73) K. Meschkat to G. Scholtz, 17 June 1965, G. Scholtz Archives.

(74) G. Scholtz to E. Mandel, 10 June 1965, G. Scholtz Archives.

(75) K. Meschkat to G. Scholtz, 14 July 1965, G. Scholtz Archives.

(76) Author、s interview with K. Meschkat, 10 September 2004.

(77) K. Meschkat to G. Scholtz, 21 September 1965, G. Scholtz Archives.

(78) G. Scholtz to E. Mandel, 25 July 1965, G. Scholtz Archives.
(79) G. Scholtz to E. Mandel, 30 July 1965, G. Scholtz Archives.
(80) G. Scholtz to E. Mandel, 5 August 1965, G. Scholtz Archives.
(81) G. Scholtz to E. Mandel, 10 September 1965, G. Scholtz Archives.
(82) G. Scholtz to E. Mandel, 13 September 1965, G. Scholtz Archives.
(83) G. Scholtz to E. Mandel, 17 September 1965, G. Scholtz Archives.
(84) Ibid.
(85) G. Scholtz to E. Mandel, 8 December 1965, G. Scholtz Archives.
(86) G. Scholtz to E. Mandel, 12 December 1965, G. Scholtz Archives.
(87) G. Scholtz to E. Mandel, 24 December 1965, G. Scholtz Archives.
(88) G. Scholtz to E. Mandel, 28 January 1966, G. Scholtz Archives.
(89) G. Scholtz to E. Mandel, 18 February 1966 G. Scholtz Archives.
(90) Ibid.
(91) E. Mörike, *Werke in einem Band*, Munich, 1993.〔★『メーリケ詩集』〕
(92) G. Scholtz to E. Mandel, 25 March 1966, G. Scholtz Archives.
(93) M. Mauke, *Die Klassentheorie von Marx und Engels*, with an Afterword by K. Meschkat, Frankfurt on Main, 1970.
(94) G. Scholtz to E. Mandel, 18 March 1966, G. Scholtz Archives.
(95) G. Scholtz to E. Mandel, 20 Marach, 1966, G. Scholtz Archives.
(96) M. Karl, *Rudi Dutschke: Revolutionär ohne Revolu-*

tion.

(97) Lönnendonker, B. Rabehl and J. Staadt, *Die antiautoritäre Revolte: Der sozialistische deutsche Studentenbund nach der Trennung von der SPD,* vol. 1: 1960-1967, Wiesbaden, 2002, p.299.

(98) *Berliner Zeitung*, 21 December 1966. J. Miermeister, Rudi Dutschke, Hamburg, 1986, p.73. U. Chaussy, Die drei Leben des Rudi Dutschke.

(99) R. Dutschke, *Jeder hat sein Leben ganz zu leben: Die Tagbücher 1963-1979*, Cologne, 2003, 20 December 1966. S. Lönnendonker, B. Rabehl and J.Staadt, *Die antiautoritäre Revolte*, p.299.

(100) 1966 marriage register, no. 737.

(101) R. Debray, 'Latin America: The Long March', New Left Review, no.33, September/October 1965, pp.17-58. 一九六五年、ドブレはその続きとなる論文をキューバの定期刊行誌『カーサ・デ・ラス・アメリカス』(Casa de las Americas, no.31 July/August) に発表した。この論文は英文でも発表された。'Problems of Revolutionary Strategy in Latin America', *New Left Review*, no.45, September/October 1967, pp.13-41.

(102) 革命党が、キューバで起こったように「解放闘争の自然のコースの中で」形成されるという考えは幻想なのであって、キューバは例外的なものだったし、自然発生的な党形成を期待することは経験主義とプラグマティズムを理想化することである、とマンデルは考えた。『ニューレフト・レビュー』誌の編集者であるペリー・アンダーソンは、この批判に賛成したが、マンデルとは違って、二四歳のドブレとのこの意見の相違は小さなものであると考えた。E. Mandel to P. Anderson, 21 January 1966, E. Mandel Archives, folder 32.

(103) Ibid.

(104) University of Texas: Fidel Castro speech database. 会議は、一九六六年一月三日～一五日に開催され、その会議の正式の名称は「第一回アフリカ・アジア・

ラテンアメリカ人民連帯会議」であった。第四インターナショナルの反論は次のものに発表されている。*Quatrième Internationale*, February 1966.

(105) Miguel to 'Dear Friends', 1 March 1966, E. Mandel Archives, folder 32.

(106) E. Mandel to Federn, 1 July 1967, E. Mandel Archives, folder 37.

(107) G. Mandel to K. Meschkat, 12 June 1967. これは以下からの引用による。R. Debray, F. Castro, G. Mandel and K. Karol, *Der lange Marsch: Wege der Revolution in Lateinamerika,* Munich, 1968, pp.257-261.

(108) Ibid.

(109) E. Mandel, 'Cuba et la première conférence de l'OLAS', *La Gauche*, 9 September 1967.

(110) G. Scholtz to K. Meschkat, 29 June 1967. 以下からの引用。R. Debray, F. Castro, G. Mandel and K. Karol, *Der lange Marsch*, pp.261-269.

(111) T. Szulc, *Fidel: A Critical Portrait*, London, 1987, p.497.

(112) M. Kenner and J. Petras, eds, *Fidel Castro Speaks,* New York, 1969, pp.145-163.

(113) E. Mandel to P. Refflinghaus, 17 July 1967, E. Mandel Archives, folder 38.

(114) E. Mandel to G. Horst, 26 October 1967, E. Mandel Archives, folder 38.

(115) 'L'exemple de "Che" Guevara inspirera des millions de militants par le monde', *La Gauche,* 21 October 1967, ' "Che" est mort', *La Gauche*, 28 October 1967.

(116) *Le Monde,* 27 October 1967.

(117) D. Bensaïd, *Une Lente impatience,* Paris, 2004, p.75.

(118) Ibid., p. 76. また次のものをも参照すること。H, Hamon and P. Rotman, *Génération, vol. 1: Les Années de rêve,* Paris 1987, p.384.

(119) D. Bensaïd, *Une Lente impatience*, p.76

(120) E. Guevara, 'Vietnam and the World Struggle for Freedom', op. cit., p.159.〔前掲『ゲバラ　世界を語る』、

九二頁〕

(121) E. Guevara. 'Notes on Man and Socialism in Cuba', in *Che Guevara Speaks*, p.136. 〔前掲『ゲバラ　世界を語る』、五二頁〕

(122) R. Debray, F. Castro, G. Mandel and K. Karol, *Der lange Marsch*.

(123) Author's interview with K. Meschkat, 10 September 2004.

(124) R. Dutschke, Jeder *hat sein Leben ganz zu leben*, p.62. H.-J. Krahl, *Konstitution und Klassenkampf: Zur historischen Dialektik von bürgerlicher Emanzipation und proletarische Revolution*, Frankfurt on Main, 1977.

(125) R. Dutschke and H.-J, Krahl, 'Das Sich-Verweigern erfordert Guerilla-Mentalität, Organisationreferat auf der 22, Delegiertenkonferenz des SDS, September 1967', R. Dutschke, *Geschichte ist Machbar*, Berlin, 1980. T. Fichter and S. Lönnendonker, *Macht und Ohnmacht der Studenten: Kleine Geschischte des SDS*, Hamburg, 1998, pp. 158-166.

(126) 一九六七年一一月、マンデルは、学生運動についてドチュケらと三日間の討論を行なった。G. Mandel to R. Dutschke, 2 October 1967, E. Mandel to R. Dutschke, 23 October 1967, E. Mandel Archives, folder 42.

(127) S. Lönnendonker, B. Rabehl and J. Staadt, *Die antiautoritäre Revolte*, p.354.

(128) K. Meschkat to E. Mandel, 18 July 1967, E. Mandel Archives, folder 650.

(129) E. Mandel to R Dutschke, 7 April 1969, E. Mandel Archives, folder 42.

(130) D. Bensaïd, *Une Lente impatience*, pp.54-60. G. Filoche, *68-98: Hsitoire sans fin*, Paris, 1998, pp.33-34. F. Charpier, *Histoire de l'extrême gauche trotskiste: De 1929 à nos jours*, Paris, 2002, pp.228-230. P. Robrieux, *Notre génération communiste 1953-1968*,

p.328.

(131) C. Den Hond interview with A. Krivine, in *Ernest Mandel–A Life for the Revolution*, C. Den Hond, DVD, 2005.

(132) E. Mandel to R. Dutschke, 23 November 1967, E. Mandel Archives, folder 37.

(133) J. Miermeister, *Rudi Dutschke*, pp.85-90, M. Karl, *Rudi Dutschke: Revolutionär ohne Revolution*, pp.130-136. U. Chassy, *Die drei Leben des Rudi Dutschke*, pp.210-212.

(134) U. Chassy, *Die drei Leben des Rudi Dutschke*, p.218. W. Kraushaar, K. Wieland and J. Reemtsma, *Rudi Dutschke, Andreas Baader und die* RAF, Hamburg, 2005, pp.22-29.

(135) G. Mandel to 'Dear comrade'[S. Kolpe], 13 November 1967, E. Mandel Archives, folder 651.

(136) *Internationaler Vietnam Kongreß, Februar 1968 Westberlin Der Kampf des vietnamesischen Volkes und die Globalstrategie des Imperialismus*, West Berlin, 1968(repirinted Hamburg, 1987)).

(137) T. Ali, *Street Fighting Years: An Autobiography of the Sixties*, London, 1987, pp.166-172. D. Bensaïd, Une Lente impatience, pp.78-80.

(138) G. Filoche, *68-98: Hsitoire sans fin*, pp.31-32.

(139) フランスのＪＣＲ、プロレタリア統一社会党（ＰＤＩＵＰ）、『ファルス・マルテッロ』紙や『鎌と槌』紙のもとに結集しているトロツキスト・グループ（イタリア）、ＳＪＷ（ベルギー）、オランダの学生組織（ポリテリア）、イギリス労働党の青年組織を含む諸組織が参加した。次の著名人たちからの支持が寄せられた。ジャン・ポール・サルトル、バートランド・ラッセル、エルンスト・ブロッホ、ヘルベルト・マルクーゼ、リキノ・ヴィスコンティ、エリック・ホブズボーム、ルイジ・ノーノ〔イタリアの音楽家〕、ピエール・パオロ・パゾリーニ〔イタリアの映画監督〕、ペーター・ヴァイス〔ドイツの劇作家〕、アルベルト・モラビア〔イタリアの小説家〕。T. Fichter and S. Lönnendonker, *Macht und Ohnmacht der Studenten*, p.170.

(140) T. Ali, *Street Fighting Year*, p.169.

(141) *Internationaler Vietnam Kongreß, Februar 1968 Westberlin*, pp.131-134. この発言でのマルクスの『資本論』の引用部分は以下のところである。K. Marx, Capital, vol. 1, London, 1976, ch.31, p.926.〔マルクス『資本論』第三巻、大月書店、一九八二年、九九一頁〕

(142) 全日本学生自治会総連合（全学連）は、共産党左派とトロツキストの強力な翼をもつ三〇万人以上を結集する運動体であった。これは、一九六〇年代半ばにおける日本の反帝国主義運動において指導的役割を果たした。

(143) *Internationaler Vietnam Kongreß, Februar 1968 Westberlin*, p.130.

(144) 筆者によるF・ヴェルカマンへのインタビュー、二〇〇四年六月二三日〜二四日。

(145) U. Chassy, *Die drei Leben des Rudi Dutschke*, pp.210-214. S. Lönnendonker, B. Rabehl and J. Staadt, *Die antiautoritäre Revolte*, p.501. R. Dutschke, *Geschiche ist Machbar*..

(146) D. Bensaïd , *Une Lente impatience*, p.131.

(147) Ibid.

(148) H. Hamon and P. Rotman, *Génération*, vol.1: *Les Années de rêve*, pp.411-415.

(149) J. Miermeister, Rudi Dutschke, pp.90-93.

(150) Ibid. また次のものをも参照。M. Karl, *Rudi Dutschke: Revolutionär ohne Revolution*, pp.208-211.

(151) R. Dutschke, *Mein langer Marsch: Reden, Schriften und Tagebücher aus zwanzig Jahren*, Reinbek, 1980, p.128.

(152) T. Ali, *Street Fighting Year*, p.188.

(153) H. Hamon and P. Rotman, *Génération*, vol.1: *Les Années de rêve*, p.435. D. Bensaïd, Une Lente impatience, p.81.

(154) R. Deutschke, *Tagebuch*, March 1968.. 次のものから

の引用。J. Miermeister, Ernst Bloch, Rudi Dutschke, p.165. R. Dutschke, *Jeder hat sein Leben*, p.70.

(155) K. Ross, *May '68 and its Afterlives*, Chicago, 2002.〔クリスティン・ロス『六八年五月とその後――反乱の記憶・表象・現在』航思社、二〇一四年〕A. Marwick, *The Sixties: Cultural Revolution in Britain, France, Italy and the United States, c.1958-c. 1974*, Oxford, 1998. A. Krivine and D. Bensaïd, *Mai si ! 1968-1988: Rebelles et repentis*, Montreuil, 1988. D. Bensaïd, Moi la revolution: Remembrances d'une bicentenaire indigne, Pairs, 1989. G. Arrighi, T. Hopkins and I. Wallerstein, Antisystemic Movements, London, 1989.〔G・アリギ、I・ウォーラステイン、T・K・ホプキンス『反システム運動』大村書店、一九八八年〕C. Harman, *The Fire Last Time: 1968 and After*, London, 1988. A. Artous, *Retours sur mai*, Paris, 1988.

(156) 一九六八年三月、ドゥチュケはプラハの旅に出かけていて、プラハの春を満喫していた。R. Dutschke, *Aufrecht Gehen: Eine fragmentarische Autobiographie*, Berlin, 1981. U. Chaussy, *Die drei Leben des Rudi Dutschke*, pp.224-228.

(157) R. Dutschke, 21 August 1968, *Jeder sein Leben*, p.79.

(158) G. Mandel to R. Dutschke, 17 September 1968.

(159) P. Kaplan(US vice-consul)to E. Mandel, 29 July 1968, E. Mandel Archives, folder 40, G. Mandel to S. Kolpe, 8 November 1968, E. Mandel Archives, folder 651.

(160) G. Scholtz to K. Bloch, 18 September 1970, E. Bloch Archives.

(161) R. Mandel to E. Mandel, 17 September 1968, E. Mandel Archives, folder 41.

(162) R. Mandel to E. Mandel, 26 September 1968, E. Mandel Archives, folder 41.

(163) R. Dutschke, *Aufrecht Gehen*, p.101.

(164) G. Horst to E. Mandel, 10 October 1967, E. Mandel Archives, folder 38.

(165) E. Mandel to G. Horst , 26 October 1967, E. Mandel

Archives, folder 38.

(166) T. M., 'Un Commencement', *Les Temps Modernes,* vol.23, no.264, May/June 1968.

(167) Lenin, *Collected Works,* vol.25, Moscow, 1977, p.497.〔レーニン「国家と革命」、『レーニン全集』第二五巻、大月書店、五三三頁〕

(168) それに対するより控えめな批判としては、軍事的、経済的破局が起こらないということは、改革の道以外のいかなる変革もユートピアであることを立証しているとするものであった。それに対して左翼からの批判は、革命は依然として一九一四～一七年や一九二九年のような危機と結びついて起こるというものだった。

(169) E. Mandel, 'A Socialist Strategy for Western Europe', *International Socialist Journal*, no.10, pp. 440-441.〔マンデル「西欧における社会主義戦略」『ニューズ・レター』第六二&六三号、二〇一七年、八頁〕

(170) Ibid.〔八頁〕

(171) E. Mandel, 'De la faillite du neocapitalism à la lutte pour la rèvolution socialiste', *La Gauche,* 1 June 1968〔マンデル「新資本主義の破産から社会主義革命のための闘争へ」『新批判』第三号、一九六八年一一月〕; 'Leçons du movement de mai', Les Temps Modernes, vol.24, August/September 1968; 'Lessons of May', *New Left Review,* no.52, November/December 1968〔マンデル「一九六八年五月の教訓」『第四インターナショナル』第六号、一九六九年八月〕; 'Mai 1968: Première phase de la revolution socialiste française', *Quatrième Internationale,* special no., July 1968.

(172) 一九六八年五月についての印象深い分析には、次のものがある。K. Ross, *May '68 and its Afterlives.*〔クリスティン・ロス『六八年五月とその後』〕

(173) *La Gauche,* 1 June 1968.

(174) H. Hamon and P. Rotman, *Génération,* vol.1: *Les Années de rêve,* pp.476-479, C. Nick, *Les trotskistes,* Paris, 2002, pp.465-467.

(175) H. Hamon and P. Rotman, *Génération,* vol.1: *Les An-*

nées de rêve, p.479.

(176) G. Mandel, 'Parise Mai: Die rote Nacht des Quartier Latin,' これは以下に抜粋した形で再録されている。Dokumentation Pais Mai 1968, Munich, 1968, pp.5-19. C. Den Hond interview with A. Krivine in C. Den Hond, *Ernest Mandel – A Life for Revolution.*

(177) H. Hamon and P. Rotman, *Génération,* vol.1: *Les Années de rêve,* p.478. N. Poulantzas to E. Mandel, n.d. [May 1968], E. Mandel Archives, folder 40. E. Mandel to P. Anderson, 15 May 1968, E. Mandel Archives, folder 39.

(178) G. Filoche, *68-98: Hsitoire sans fin,* p.73. D. Bensaïd, *Une Lente impatience,* p.83.

(179) P. Seale and M. McConville, *Red Flag/Black Flag: French Revolution, 1968.* Harmondsworth, 1968, p.87.

(180) R. Blackburn, 'The Unexpected Dialectic of Structured Reform, 1968', in G. Achcar, ed. *The Legacy of Ernest Mandel,* London, 1999, p.19.

(181) Interior Minsitry, 'Direction Générale de la Sûreté nationale, Porcès verbal de notification', (Dept of the Sûreté, official Report of Notification), no.993, 6 July 1968.

(182) E. Mandel to Comité pour la liberté et contre la Répression, Laurent Schwartz, 23 July 1968., E. Mandel Archives, folder 199.

(183) G. Mandel to R Dutschke, 22 August 1968, R. Dutschke Archives.

(184) C. Bonnet [Minister of the Interior] to Y. Jouffa, 2 February 1981; Y. Jouffa to E. Mandel, 11 February 1981; J. Chevènement to E. Mandel, 4 March 1968, E. Mandel Archives, folder 211.

(185) ジョバンニ・アリギとホプキンスとウォーラスティンは『反システム運動』の中で、一九六八年――五月の反乱、プラハの春、ベトナムでのテト攻勢――を一八四八年以来の第二の世界革命と呼んでいる。この革命は失敗したが、世界を根本的に変えた。次のものも参照すること。M. van der Linden, 'The Aftermath of '1968': Interactions of Workers, Youth and Women's Movements', *Transnational Labour History: Explorations,* Aldershot, 2003. 以下を参照。A. Bathily, *Mai 68 à Dakar ou révolte universitaire et la démocratie,* Paris, 1992, and J. Brennan, *The Labor Wars in Córdoba, 1955-1976: Ideology, Work and Labor Politics in an Argentine Industrial City,* Cambridge, MA, 1994.

(186) E. Mandel, 'The Lessons of May 1968', *New Left Review,* no.52, November/December 1968.〔マンデル「一九六八年五月の教訓」『第四インターナショナル』第六号〕E. Mandel, 'Leçons du movement de mai', *Les Temps Moderne,* vol.24, August/September 1968.

(187) E. Mandel, 'The Economics of Neo-Capitalism', *The Socialist Register,* London, 1964. E. Mandel, 'A Socialist Strategy for Western Europe', *International Socialist Journal,* no.10.〔前掲マンデル「西欧における社会主義戦略」『ニューズ・レター』第六二&六三号〕E. Mandel, *Die deutsch Wirtschaftskrise: Lehren der Rezessin 1966/67,* Frankfurt on Main, 1973., E. Mandel, *The Formation of the Economic Thought of Karl Marx: 1843 to 'Capital',* New York, 1971.〔エルネスト・マンデル『カール・マルクス――<<経哲草稿>>から<<資本論>>へ』河出書房新社、一九七一年〕

(188) マンデルは、一万五〇〇〇人から二万人の青年、学生、青年労働者のグループの前衛で効果的な行動を開始するには十分である、と述べている。E. Mandel, 'Note politique: La Nouvelle montée révolutrionnaire en France, 23 May 1968, E. Mandel Archives, folder 533.

(189) E. Mandel to P. Anderson, 16 December, E. Mandel Archive, folder 42.

おわびと訂正

本誌前号（七〇号）に掲載の王凡西インタビュー「中国トロツキスト運動と私」について、酒井与七氏の翻訳について、ご本人の了解をえることなく、次の箇所で、無断で変更を行ないました。

変更した箇所は、以下のとおりであり、訳者の当初原稿どおりに訂正いたします。

◇「訳者まえがき」部分

一四九頁上段 七行目 ―「…… 好ましい印象を得たようだった。……」⇩「…… 好ましい印象をえたようだった。……」

一五〇頁上段 六行目 ―「…… 支援を得て ……」⇩「…… 支援をえて ……」

◇一四九頁上段 最終行から二行目から最終行；同頁下段 最終行から六行目ならびに一五〇頁上段 一〇〜一一行目 ―「グレゴール・ベントン」⇩「グレガー・ベントン」

◇一五二頁の八〜一一行目の「二〇人以上の中国人トロツキストが私とともにウラジオストック、元山、仁川、大連の北方ルートで上海に帰還した」の後に次の訳注を復活させる。

「これらの都市名のうち「元山」と「仁川」としている部分は英文テキストでは〝Yuansang〟および〝Yenchong〟となっている。『コンサイス外国地名事典 改訂版』では「元山 ウォンサン Weonsan」および「仁川 インチョン Incheon」となっていて、「元山」と「仁川」の中国語読みはそれぞれ「ユエンシャン／Yuanshan」および「レンチュアン/Renchuan」である。

◇一六六頁下段 一三行目から一六行目で「私は革

命的情勢について考えていた。われわれが日本軍との戦闘の前線にいるとして、その地域で国民党に反抗する革命的情勢が発展するとき、われわれは革命に対して指導権を取らなければならない」⇩「私は×××××情勢について考えて××××――われわれが日本軍との戦闘の前線いるとして、その地域で国民党に反抗する革命的情勢が発展するとき、われわれは革命に対して指導××××××××」

おわび

トロツキー研究所事務局長　湯川順夫

その上で、問題個所について私がどのように捉え、考えているかをお伝えしたいと思います。

1、「得た」、「得て」の表記について。雑誌としての表記の統一の必要上なされた変更ですが、事前に連絡することを怠ったことをおわびします。

2、ベントンについて

外国人の名前をどのような呼び名にするかというのは、『トロツキー研究』誌では常に頭を悩ませる問題となってきました。さまざまな国から人々が行き交う中で、その人の出身地での言語の発音に近いものにすべきか、それともその人が現在生活し、活動している地での読み方にすべきか、私たちはしばしば迷って来ました。ベントンについては、『トロツキー研究』では、ベントン氏の出自が当初ドイツ・東欧系の人々ではないかと考え、グレゴール・ベントンという表記を使い、慣習的にその表記で統一して来ました。

今日では、執筆者や翻訳者も少なくなく、編集スタッ

フも十分でない中で、締め切りに迫られていたことも
あり、上記の二つの箇所は、編集側の手直しとして変
更してしまいました。

3、地名に関する訳注について

中国の地名の英語表記からもとの中国地名を探し当てることが困難で、推測せざるをえない場合がありま
す。今回の場合も、現時点で地名をひとつの候補に絞ってそのまま表記してしまうと、この王凡西の足跡の中に登場する地名があたかも確定された事実として記録としても残り、読者にもそれが確定された事実として伝わってしまうことにもなりかねません。現時点では推測でしかないという点をはっきりさせるという意味で、酒井さんと早野さんが調べられたいくつかの考えられる地名を注記で示すことは必要でした。

4、判読不能の××××部分の補完について

判読不可能な発言を、私たちの推測で解釈して補う場合には〔　〕を補うべきでした。そうしないとその推測があたかも王凡西本人の本当の発言であるかのように受け取られてしまうからです。本人の発言ではないものが、本人の発言として伝えられていくことになります。

以上のような変更が、訳者である酒井与七氏に事前の連絡や相談することなく、無断でなされてしまいました。その上、研究所の事務局の体制がきわめて不十分なために、酒井与七氏へのお詫びとお返事が、大変遅れてしまいました。

ここにあらためて、読者ならびに訳者である酒井氏に深くお詫びします。

『トロツキー研究』既刊号目次

第54号　第四インターナショナル創立70周年

◆トロツキー「第四インターナショナル創設協議会に向けた討論」
◆トロツキー「労働党」問題」
◆マンデル「第四インターナショナルの創設理由」

第55号　第二次世界大戦勃発70周年

◆トロツキー「戦争の最初の七ヵ月」
◆マンデル「第二次世界大戦におけるトロツキストとレジスタンス」
◆マンデル『第二次世界大戦の意味』(上)

第56号　トロツキー没後70周年

◆ルブラン「サーヴィスによるトロツキーの『第2の暗殺』」
◆チャットディヤーエ「トロツキーと革命党」
◆清水正徳「ウィーン時代のトロツキー」
◆小原耕一「『再吸収』言説の謎」

第57号　モスクワ裁判とデューイ論争

◆トロツキー「個人テロと大衆テロ」
◆トロツキー『モスクワ裁判』
◆トロツキー「私は自らの命を賭ける」
◆トロツキー「彼らの道徳とわれわれの道徳」
◆ジョン・デューイ「手段と目的」
◆小原耕一「アントニオ・ラブリオーラと現代」

第58／59合併号　現代社会と永続革命

〈特集1〉トロツキー研究所20周年に寄せて
〈特集2〉現代社会とトロツキー永続革命論
◆西島栄「ヘゲモニーと永続革命」
◆湯川順夫「レーニン『四月テーゼ』と永続革命論」
◆志田昇「トロツキーと野呂栄太郎」
◆マンデル『第二次世界大戦の意味』(下)

第60号　世界恐慌と階級闘争

◆トロツキー「世界失業とソヴィエト五ヵ年計画」
◆トロツキー「経済恐慌の政治的展望と国際協議会」
◆ユッソン／ルカ「後期資本主義と新自由主義」
◆ハーヴェイ「経済危機の長期化とその政治的影響」
◆ベンサイド「マルクス主義の再生に向けて」

◆書評：矢吹晋「長堀祐造著『魯迅とトロツキー』」

第61号　ファシズムと戦争

◆グラムシ「ファシズムの発展」
◆グラムシ「ファシズムでも自由主義でもなくソヴィエト主義を」
◆トロツキー「ファシズムとは何か」
◆トロツキー「新たな世界戦争を前にして」
◆マンデル「歴史家論争によせて」

第62号　不均等複合発展と永続革命

◆トロツキー「ロシア革命の三つの概念」
◆ポール・ルブラン「不均等複合発展と歴史の曲線」
◆ニール・デヴィッドソン「不均等発展から複合発展へ」
◆ミシェル・レヴィ「21世紀の永続革命」、他
◆清水正徳「レーニン、『封印列車』をめぐる異聞」

第63号　政治的伝記の政治学

◆上島武「影に怯えて―サーヴィスの『トロツキー』を評す」
◆ノーマン・ジラス『ローザ・ルクセンブルクの遺産』（抄訳）
◆森田成也「マルクスの可能性に光を当てたガイドブック」
◆ストゥーチェ『エルネスト・マンデル』（1）
◆＜小特集＞追悼ノーマン・ジラス

第64号　第一次世界大戦100年（上）

◆ローザ・ルクセンブルク「小ブルジョア的世界政策かプロレタリア的世界政策か」
◆カウツキー「世界政治、世界戦争、社会民主主義！」
◆ラデック「ドイツ帝国主義と労働者階級」
◆ストゥーチェ『エルネスト・マンデル』（2）
◆西山克典西山克典「トロツキーの『最後の闘争』」（1）
◆西島栄「マルクスとエンゲルスにおけるヘゲモニー概念」

第65号　第一次世界大戦100年（中）

◆トロツキー「政治的モラトリアム」
◆トロツキー「われわれの政治的スローガン」
◆トロツキー「われわれの立場」
◆トロツキー「ツィンメルワルト会議に関する覚書」
◆トロツキー「戦争と技術」
◆西山克典「トロツキーの『最後の闘争』」（2）

第66号　第一次世界大戦100年（下）

◆トロツキー「新しい年によせて」
◆トロツキー「ロシアにおける社会愛国主義」
◆トロツキー「『消耗』から『運動』へ」

◆トロツキー「第3インターナショナルのための闘争」
◆トロツキー「強者への賭け」コヴァレフスキ「ウクライナの独立問題」

第67号　マンデル没後20周年（上）
◆マンデル「ヨーロッパ革命の諸問題」
◆マンデル「キューバ革命の擁護」
◆マンデル「ベトナムにおける帝国主義の敗北」
◆マンデル「社会主義か新自由主義か」他
〈小特集〉中国革命――過去と現在
◆陳独秀「日本の社会主義者に告ぐ」
◆區龍宇「長堀祐造『魯迅とトロツキー』を推薦する」他

第68号　マンデル没後20周年（下）
◆マンデル「第2次世界大戦後のユダヤ人問題」
◆マンデル「サルトルへの手紙」
◆マンデル「マルクス主義的帝国主義論」
◆マンデル「新資本主義下における労働者」他
◆ストゥーチェ『マンデル伝』（6）

第69号　中国革命の悲劇（上）
◆トロツキー「中国共産党と国民党」
◆トロツキー「労働者中心地にソヴィエトを」
◆トロツキー「中国におけるソヴィエトのスローガン」
◆トロツキー「蒋介石クーデター後の中国の情勢と今後の展望」
◆トロツキー、ジノヴィエフ、ラデック他「中国革命の新段階」
◆横山宏章「悔い改めない反骨精神―鄭超麟インタビュー」

第70号　中国革命の悲劇（下）
◆トロツキー「中国革命の新しい可能性、新しい課題、新しい危険性」
◆トロツキー「新しい段階における古い誤り」
◆ジノヴィエフ「現在における中国の情勢」
◆王凡西インタビュー「中国トロツキスト運動と私」
◆トロツキー「プレオブラジェンスキーへの手紙」
◆ストゥーチェ「マンデル伝」（7）
◆志田昇「追悼　上島武先生」

編集後記

▼本誌の冒頭に掲載した事務局からの「お知らせ」にあるように、このトロツキー研究所は今年いっぱいで閉鎖となります。一九九〇年のトロツキー没後五〇周年の記念国際シンポジウムの開催をきっかけに、一九九一年に創立されたトロツキー研究所は今年で創立二七周年を迎えます。その年初めて発行した『トロツキー研究』はついに七〇号の大台に乗りました。設立当初はここまで長く続くとはまったく思っていませんでした。むしろここまでよくもったものだと思います。▼「お知らせ」にも書いたように、設立当初は三〇〇人近い会員と定期購読者がいましたが、今では一五〇人を大きく割っています。事務所の家賃や光熱費、『トロツキー研究』の発行経費と郵送費、『ニューズレター』の発行費用、その他の雑費等を合わせて、最低の採算ラインは二〇〇人です。この採算ラインはとっくの昔に割っていましたが、家賃の一部や『ニューズレター』の発行費用を事務局員が負担したり、コピー機のリース契約の解除、ネットや電話の停止、電気代と水道代、備品などの雑費もすべて事務局員が負担するなどして、何とか累積赤字を生まないようにしてきましたが、それもしだいに不可能になってきました。▼事務局員の高齢化も深刻な問題です。仕事のスピードと精度は年齢とともに落ちてきます。また当初は四人体制で翻訳・編集をしてきましたが、ずいぶん以前から三人体制になっており、各自の負担はそれだけ大きくなっています。またその三人も、収入を稼ぐためやその他の活動などで忙しく、かつては週一回行なっていた事務局会議は二週間ないし三週間に一度しか開催できなくなっていました。そうした厳しい現状の中でぎりぎりの体制でやっているにもかかわらず、編集や翻訳の不備を批判する声がしばしばあり、事務局員はいっそう精神的に疲弊するようになっていました。▼今回の閉鎖の決断は、あらゆることが限界に達したことの結果です。今年一年は最後の力を振り絞って、『トロツキー研究』と『ニューズレター』の発行、そして事務所の閉鎖に向けた膨大な作業（資料の電子化を含め）に取り組むつもりです。何とぞこの最後の一年をみなさんの温かい支援とカンパで支えてくださ い。

トロツキー研究所の設立にあたって

1980年代は、ソ連・東欧の激動の時代でした。既存のスターリン型「社会主義」国家の特徴とされていた共産党の一党独裁、行政的指令経済、ソ連中心主義などが崩れ、それぞれの国が市場経済への移行による混乱や民族問題の爆発を伴いながら民主化と経済改革の道を模索しています。

ソ連・東欧の危機の原因を解明し、新しい展望を追求するためには、「社会主義」の理論と実践を、歴史的にかつグローバルな視点から検討することが必要であり、また、スターリン主義体制の確立以来、歴史から抹殺されてきた異論派、批判派の復権と正当な位置づけが不可欠です。

なかでも、スターリン的な官僚主義体制や一国社会主義と仮借なく闘い、世界的な規模での社会主義の実現のために尽くしたトロツキーの思想は、今日でも光彩をはなつものです。革命論から経済や文化・芸術の領域に及ぶトロツキーの多面的な思想的遺産を批判的に継承、発展させる努力の一つとして、日本でも、1990年に国際シンポジウム「現代史の激動とトロツキー」が開催されました

トロツキー研究所は、この成果を今後に生かし、さらに前進するために、トロツキーを中心とする文献の収集・保管・研究・紹介を目的として創設されました。なにとぞ研究所の趣旨にご賛同いただき、物心両面からのご協力とご援助をお願いします。 1991年5月19日

『トロツキー研究』第71号
定価2500円＋税
2018年2月25日　発行
発行　トロツキー研究所
東京都福生市南田園１－４－２５
メゾン島田　１０２号
郵便振替　００１３０－１－７５０６１９

発売　（有）柘植書房新社
〒113-0001
東京都文京区白山1-2-10　秋田ハウス102号
TEL03-3818-9270　FAX03-3818-9274
郵便振替　００１３０－４－４３２８７